"Baby food" para el...
Nacido de Nuevo...

"Baby food" para el...
Nacido de Nuevo...

Juan 3:7

Milagros Trinidad López

Número de Control de la Biblioteca del Congreso de EE. UU.:   2014904400
ISBN: Tapa Blanda   978-1-4633-8022-9
                         Libro Electrónico   978-1-4633-8021-2

Para realizar pedidos de este libro, contacte con:
Palibrio LLC
1663 Liberty Drive
Suite 200
Bloomington, IN 47403
Gratis desde EE. UU. al 877.407.5847
Gratis desde México al 01.800.288.2243
Gratis desde España al 900.866.949
Desde otro país al +1.812.671.9757
Fax: 01.812.355.1576
ventas@palibrio.com
610625

ÍNDICE

Introducción

El mandato a plasmar mis enseñanzas en este manual comienza a surgir de mis constantes interrogativas al PADRE en oración,

- ¿Porque la gente no se afirma en esta nueva vida, entran y salen de la iglesia?
- Y aun, ¿porque la gente que tiene 15 y 20 años asistiendo a la iglesia, no se nota que tienen una vida victoriosa o un crecimiento en su actuar espiritual?

Y yo tenía esas interrogantes, entonces un día me contestó "Porque **no luchan**, porque **curan la herida con liviandad**, como en los tiempos de Jeremías", wow, asombroso!!! Que profundidad en esas palabras, yo llevaba más de 5 meses estacionada en el libro de Jeremías, wow! Y comenzaba a entender el porqué, eso era pal frente y para atrás, no podía moverme de ese libro. El Señor me introdujo en su corazón para poder impartir todo lo aprendido desde su perspectiva de AMOR que sobrepasa todo entendimiento, pues sí, porque estoy convencida que aunque estuve ahí en esa experiencia sobrenatural con su AMOR, mi entendimiento es una pizca ante todo aquel inmensurable AMOR, es que verdaderamente EL es AMOR!!!

Entonces yo le preguntaba porque no luchan? Porque **curan la herida con liviandad?** Y EL me contesta "Porque no tienen disciplina ni valentía" y ahí fue que me vi, como luché, como me confronté, cuando recién me reconcilie con el Señor, yo no quería seguir con aquel dolor, así que todo lo que aprendía lo ponía en práctica, sus promesas eran mi tabla de salvación, literalmente y así cooperaba con el Alfarero, me volvía barro en sus manos, con disciplina y valentía.

Pero yo decía, es que tiene que haber algo mas, Señor, pues usted no hace acepción de personas y no puede ser que yo tenga más dosis de disciplina y/o de valentía, no sería justo y me propuse entender como Daniel, hasta que entendí. Yo sin EL nada puede hacer, como dice las Sagradas Escrituras, pero yo si hice algo, **yo solo ejercí el único poder que tengo, el poder de la decisión.**

Bueno, luego, poco a poco fui entendiendo que aquellos 19 libros + 6 libros de la biblia + todas las predicas y experiencias que tuve en mi primer año de reconciliación con el PADRE, constituían los "baby food" necesarios para un crecimiento espiritual saludable. Además las profecías que recibía sobre que testificara, en aquel momento yo no entendía, pero ahora es tan claro. Mira, es que yo no nací en el evangelio, no sabía de JESUS, ni del PADRE, ni del ESPIRITU SANTO, solo como una historia, no una realidad. Por eso fue que **la falta de conocimiento se convirtió en mi enemiga** la primera vez que recibí a JESUS como mi Salvador, no sabía la gran maravilla que ocurría en mi ámbito espiritual. Yo era muy joven, madre soltera, mis prioridades eran otras, es decir no entendía nada sobre mi nueva cultura, ni de lo que trataba el gran regalo de la Salvación, ni tan siquiera sabía que había unas heridas que sanar y unas fortalezas mentales antagónicas que derribar. El resultado de todo esto, terminé apartando de DIOS, decepcionada de EL, por 12 años, aunque EL no de mi, pero lastimosamente ahora es que lo entiendo.

Pero esta vez tuve el gran honor de que el texto de *Juan 14:26* *("… el Espíritu Santo…, El, os enseñará todas las cosas")* tomara vida, tomada realidad en mi. Y usted se preguntará ¿Cuál fue la diferencia ahora? Pues la diferencia fue tiempo, dispuse de tiempo, lo prioricé, le di el primado, le di el primer lugar a EL y ha sido inevitable que su ley, su justicia, su poder, su provisión, su paz, su gozo, su bondad etcétera, etcétera, etcétera… se cumplan en mi. Mira como lo dice *Mateo 6:* [33] *Más bien, busquen primeramente el reino de Dios y su justicia, y todas las cosas les serán añadidas.*

Y así, he quedado con una deuda maravillosa y/o una gran responsabilidad de dar por gracia lo que por gracia he recibido. Porque he sido atrapada en una gran Visión que la he convertido en Misión. Mi Visión es ver el pueblo de DIOS en un nivel de sanidad que le permita disfrutar a plenitud de la Presencia del REY más de lo que yo lo disfruto y eso es un gran estándar…

Amado Espíritu Santo, GRACIAS, por tal privilegio!!!

Usted no necesita de este libro para un crecimiento espiritual saludable, el Espíritu Santo puede enseñarle todas las cosas, pero mi experiencia es como un instrumento, es más le cito una profecía recibida, "testifica, testifica cuenta lo que HE hecho contigo, tengo que sanar mucha gente y quiero hacerlo a través de ti, mientras hables, te seguiré sanando a ti, testifica", wow!!! Inmerecedora de tal privilegio, pero se trata de su Soberanía Absoluta que decide hacer las cosas como quiere, además de un gran reto a mi obediencia. Y es por esto y mucho más que tengo por mandato contar, enseñar y predicar de sus maravillas.

Ahora sepa también que podrá leerse mil libros incluso saberse la biblia de memoria, pero si no conoce al autor de la biblia y no la práctica, yéndose por encima del razonamiento, usando la sustancia de la FE y el poder de la decisión con JESUS al frente, *Comerá miel y mantequilla hasta que sepa escoger lo bueno y desechar lo malo. Isaías 7:15*

Es su decisión, comer miel y mantequilla o servirse a total acceso de la mesa del REY!!!

LE INVITO A LEER...

"Baby food" para el… Nacido de Nuevo…
Instrucciones

La intención original de este manual es que fuera impartido por un "hermano Mayor" o un líder de la iglesia. De igual manera que no podemos esperar que en lo natural un recién nacido sepa beber leche solo, sacarse los gases y cambiarse el pamper, de la misma manera debemos tener el entendimiento para no esperar que el nacido de nuevo sepa lo que tiene que hacer en su nueva vida sino que es vital que se le dé los cuidados tan íntimos, tiernos y de tanta atención que necesita un recién nacido. Es por esto que de antemano se debe identificar lideres **"Hermanos Mayores"** que puedan estar disponibles para impartir estos "baby food" al nuevo creyente. Hacer un listado de estos, de acuerdo a las edades y al sexo, con su info personal (# de teléfono, email), sería muy práctico, teniendo así un banco de recurso. A continuación le provee una estructura que le puede ser útil.

A. Féminas de 15 a 25 años
 1.
 2.
 3.
B. Féminas de 25 a 40 años
 1.
 2.
 3.
C. Féminas de 40 a 60 años
 1.
 2.
 3.
D. Féminas de 61 años mas
 1.
 2.
 3.

A. Masculinos de 15 a 25 años
 1.
 2.
 3.
B. Masculinos de 25 a 40 años
 1.
 2.
 3.
C. Masculinos de 40 a 60 años
 1.
 2.
 3.
D. Masculinos de 61 años o mas
 1.
 2.
 3.

Instrucciones para el "hermano Mayor": Una vez tengamos un nacido de nuevo y/o un reconciliado, se asigna el hermano mayor de acuerdo a la edad y al sexo y este es el Plan continuo q el Hermano Mayor debe seguir para tener las platicas-taller que llevarán el nacido de nuevo a su afirmación…

1. Le dará una 1era llamada en 24 horas.
2. una 2da llamada 3 días después, Y…..
3. Una 3era llamada en 7 días después, aquí se puede comenzar a ofrecer las platicas-taller.
4. Cada platica-taller, no debe durar más de 40 minutos y tener una consistencia de cubrir un tema semanal, por lo cual se recomienda que en esta 3era llamada se cuadre la disponibilidad de ambos (del hermano mayor y el nacido de nuevo) para cumplir con este requisito de consistencia, que a su vez está dándole testimonio de diligente, cualidad importante para estar delante del REY.   *Pr.22: 29.*
   Ejemplos de tiempos no complicados durante la semana para cubrir los temas platica-taller…
   • 40 minutos antes de los cultos
   • 40 minutos después de los cultos
   • Cualquier otro día según la disponibilidad de ambos, siempre y cuando no conflija con alguna actividad de la iglesia, pueden cuadrar encontrarse en un parque, Burger King, en Coffee Place etc…
5. El **hermano mayor** debe rendir un informe al pastor de cada reunión sobre el comportamiento y progreso del nuevo creyente, se le proveerá un formulario a llenar.
6. El **nacido de nuevo** debe traer un informe sobre cómo puso en práctica lo aprendido, se le proveerá un formulario a llenar.
7. Ambos deben firmar un acuerdo de compromiso por este periodo de coaching, se le proveerá un formulario a llenar. Luego se puede comenzar a soltar este bebe para que comience a dar sus primeros pasitos.

Acuerdo de Compromiso
para ambos hermano mayor y hermano menor

Yo _____, como hermano/a mayor y yo _____, como nacido/a de nuevo nos comprometemos a entrar en el proceso de afirmación para el nuevo creyente.

Nos reuniremos todos los _____día_____, a las hora_____, por 14 semanas (del _____fecha_____, al fecha_____,) en _____lugar_____, sabiendo que la consistencia, disciplina, el hambre por Dios y la obediencia en este proceso (de arrancar cizaña y plantar semillas) prepararan el terreno (mi ser) para que las Sagradas Escrituras tomen realidad en mi, Salmo 1:3 Sera como árbol plantado junto a corrientes de agua, que da, su fruto en su tiempo y su hoja no cae; y todo lo que hace prosperara.

Tanto en mí _____, como nacido   de   nuevo   y   en   mí _____como hermano mayor.

Nos comprometemos hoy _____fecha_____, en lugar_____, y delante de nuestro Trino Dios, Padre, Hijo y Espíritu Santo.

hermano mayor
firma _____.
nacido de nuevo
firma _____.

Informe semanal del Hermano Mayor
al Pastor sobre el comportamiento y
progreso del nuevo creyente.

1. Que te preocupa de tu nuevo hermano menor

2. Que celebras de nuevo hermano menor

3. Alguna otra cosa que consideres mencionar sobre la dinámica que se está dando de hermano mayor a nacido de nuevo.

Hermano Mayor: _____.

Nacido de Nuevo: _____.

Fecha: _____.

Informe semanal del Nacido de Nuevo
a su Hermano Mayor sobre cómo puso
en práctica el tema discutido.

Tema: _____

Preguntas guías: ¿Qué paso? ¿Qué hiciste? ¿Qué pensaste? ¿Cómo te sentiste? ¿A qué renunciaste? ¿Qué elegiste? ¿Qué celebraste?

1. Lunes

2. Martes

3. Miércoles

4. Jueves

5. Viernes

6. Sábado

7. Domingo

Hermano Mayor: _____.

Nacido de Nuevo: _____.

Fecha: _____.

Evangelización

Bueno, pero para que haiga nacidos de nuevo, hay que evangelizar primero...

Romanos 10:14 ¿Como, pues invocaran aquel en el cual no han creído? ¿Y cómo creerán en aquel de quien no han oído? ¿Y cómo oirán sin haber quien les predique?

Así que pues, hay que cumplir el mandato de la gran comisión, *Marcos 16:15*, que es para todos, sin acepción de personas, llevar este mensaje de buenas noticias, el evangelio, la Salvación!!!

He aquí un modelo, una forma de llevar este mensaje a personas que nada saben del evangelio, está dividido en tres temas:

1. Lo que todos estamos buscando
2. Arrepentimiento genuino, requisito para recobrar el Reino
3. El traslado del Reino

Comencemos...

Introducción

Qué ironía, es lo que viene a mi mente, es como una burla del destino, cuando analizo el hecho de que la mayoría de las personas piensen que la **Biblia** es un libro sobre religiones o rituales o que es el libro más aburrido y viejo del mundo, **Y NO...**, la Biblia trata sobre una familia real a la que se le mandó a colonizar la Tierra donde su base de operación es en el Cielo. La Biblia es el Documento de Gobierno, es la Constitución del Reino infalible, perfecto de Dios, es nuestro testamento, es la forma que nos permiten acceder a nuestra herencia real. **Sí...** porque somos hijos, también herederos y estamos destinados a gobernar en el Reino de nuestro Padre.

Otra ironía, es el hecho de que la **religión**, la misma que por su naturaleza se supone que debería brindar la solución a los problemas de la humanidad, traer esperanza y fe para la vida, ha creado más problemas de los que ha resuelto. Religión se define como la adherencia (la pega) a un conjunto de creencias que regulan el comportamiento moral, social, y ritualista del individuo. Es el resultado de un hambre inherente (plantada en el hombre), que no puede definir, pero que igualmente necesita satisfacer. Esta necesidad surge de un vacío creado por la pérdida de algo que el hombre solía poseer: **PROPOSITO** (el sentido de nuestra existencia) y **PODER** (controlar las circunstancias en nuestra vida).

Lo que todos estamos Buscando

Conscientes o no, todos buscamos un reino en el cual seamos iguales, una dignidad real, que disfrutemos de los mismos derechos, beneficios, libertad, seguridad, salud y abundancia; vidas con significado y propósito y un potencial explotado. En medio de nuestra búsqueda miope de mejoramiento, no logramos reconocer que **un reino así, está disponible** para que lo alcancemos. Pero... nunca lo veremos hasta que retrocedamos para captar el cuadro completo.

Dominio es el **propósito** de nuestra existencia (*Génesis 1:26 ...Hagamos al ser humano a nuestra imagen y semejanza. Que tenga dominio sobre...*) Y ahí está el origen de nuestra necesidad de controlar, de dominar nuestro entorno ósea de gobernar. La necesidad de un gobierno y orden es inherente (es plantada en el hombre) en el espíritu humano, es la manifestación de un mandato divino dado a la humanidad por parte del Creador. La idea original de Dios fue entregarnos un Reino (El Edén) con el **poder** real para gobernarlo. Pero este dominio y este Poder estaba atado a la obediencia.

Vamos a retroceder para captar el cuadro completo... Todos nosotros salimos del lomo de Adán, estábamos contenidos en su espermatozoide, por eso el efecto de su bendición y de su maldición, ósea de su obediencia y de su desobediencia viene plasmada en cada ser viviente. Sí, porque decimos "y que tengo que ver yo con el cuento de la manzanita. La manzanita no es un cuento de nene chiquito, a lo blanca nieve, la manzanita era una regla que nos protegía del mal...

Conocer el mal es morir, *Génesis 2:17 pero del árbol del conocimiento del bien y del mal no deberás comer. El día que de él comas, ciertamente morirás.* Vengo a arrancar de sus mentes la fortaleza mental de que ... "para poder sobrevivir en este mundo hay que tener malicia"... pues NO, eso es en el diseño de Satanás, porque en el de Dios NO. Y, tú me dirás... "pero es que no murieron..." y yo te digo, si y no, de hecho Adán vivió 930 años en la carne *(Génesis 5:5)*, pero su espíritu murió al instante que hizo contacto con el pecado, de la misma manera que nosotros nacemos con vida en la carne y el alma pero con muerte en el espíritu, por eso es que necesitamos al Salvador de nuestro espíritu, nuestro Amo y Señor Jesucristo. Y esta es la desdicha más grande del hombre, no creer en las consecuencias de la desobediencia a las reglas que Dios pone, son muerte...

Sigamos con Adán... En el diseño de Dios la inocencia nos mantiene en un estatus de Poder. Mira como te lo revelo, en *Génesis 3:7 dice "y conocieron que estaban desnudos..."* ósea perdieron la inocencia, conocieron la malicia... en el *3:8* dice... *"...y el hombre y su mujer se escondieron de la presencia de Jehová Dios..."*. La Santidad de Jehová es tan poderosa que inclina al hombre pecador a esconderse de su Presencia, es por esto que Jesús dice... *"... nadie va al Padre sino a través de mi..."*. Necesitamos la santidad de Jesús para poder presentarnos ante el Padre... En el *3:10* dice *"... tuve miedo porque estaba desnudo y me escondí..."* En otras palabras el pecado (la desobediencia) me hizo perder la inocencia (conocí el mal, conocí que estaba desnudo) tuve miedo de tu Poderosa Pureza y me escondí...

Ósea, cuando pierdo la inocencia pierdo el Poder porque el Poder (mana, fluye, sale) de la Presencia de Dios y si mi tendencia es esconderme de la Presencia de Dios me estoy desconectando de la fuente del Poder...

En otras palabras cuando actúas con ira, enojo, falta de perdón, malicia... estas desconectándote del poder, en cambio, cuando actúas con amor, paz, bondad, inocencia, te conectas a la fuerza Toda poderosa, Dios.

Pero, la desobediencia de Adán a su Creador resultó en la pérdida de su Reino (El Edén) y de su poder real para gobernarlo, desde entonces, todos, hemos tratado de recuperarlo.

En nuestra búsqueda por el Reino a través de los siglos, el hombre ha desarrollado y experimentado muchos sistemas diferentes de gobierno. Cada uno de ellos, aun, aquellos llamados reinos, son defectuosos porque la humanidad en sí misma es defectuosa. Pero todos ellos son movidos por nuestro deseo de recobrar y restaurar el Reino Original. Nuestros sueños son simplemente expresiones de nuestro anhelo por recuperar el Reino que una vez tuvimos, pero que perdimos.

Aunque perdimos nuestro Reino Terrenal, todavía retenemos la idea original de Reino que el REY implantó en nuestro espíritu. Buscamos el Reino en todo momento, pero sin Dios no podremos hallarlo jamás, porque viene de EL. **El Reino de la Luz, eso es lo que todos estamos Buscando.**

Ok, ahora, vamos a Mateo, primer libro del Nuevo Testamento, donde aparece Jesús, nuestro Amado y Dulce SALVADOR!!! diciendo *Mateo 4:17 Arrepiéntanse, porque el reino de los cielos ha llegado.* Ósea, que aquí aparece Jesús, 4,000 y pico de años después de que le fue quitado el Reino (el dominio, el poder, el propósito) a Adán y Eva con la buena noticia de que el **Arrepentimiento es el requisito para recobrar el Reino.**

Arrepentimiento es un concepto de gran peso y valía moral y el mundo se ha encargado de distorsionarlo para que parezca algo liviano y sin importancia. Del significado del Reino, le explico algo más adelante, lo que si debe tener en su mente que Reino es sinónimo de Gobierno.

Arrepentimiento significa cambiar su mente o adoptar una nueva manera de pensar. Ilustración: voy caminando por un camino, me doy cuenta que este camino no me llevará a donde me conviene ir, pues lo más lógico es que me arrepienta de caminar en esa dirección, me detenga, reflexione y busque, cambie, adopte un nuevo camino. Así que, el arrepentimiento es una decisión, no es una emoción (las emociones son como las olas del mar, cambian todos los días), en cambio, la decisión es un acto de firmeza que mueve tu voluntad hacia lo elegido, es una orden que se le da a todo tu ser. Ok, ahora bien puede haber un arrepentimiento genuino o un arrepentimiento falso, veamos la diferencia:

- **Arrepentimiento falso** – es un remordimiento, un sentimiento de culpa, sabe que está en mal camino pero carece de acción al cambio, prefieren excusarse, buscar culpables y no tomar responsabilidad, carece de valentía para accionar los cambios necesarios.

- **Arrepentimiento genuino** – da la cara, se levanta, actúa, confiesa, reconoce su error, pide perdón, acepta disciplina, anhela, desea busca el cambio.

Así que, cuando Jesús decía: ... *Arrepiéntanse, porque el reino de los cielos ha llegado.* Lo que quiere decir es "Cambien su manera de pensar, actuar y conviértanse, cambien el camino, cambien de nación, entren a mi Jurisdicción, les traigo el Reino de los Cielos, entren a mi gobierno, salgan del reino de las tinieblas ese supuesto gobierno que es a tu manera, así no fue que fuiste creado, la independencia de mi no está en el manual original de operación para la humanidad.

Ilustración: Un carro no funciona sin gasolina, porque así lo determinó su creador, así que el carro podrá estar muy bonito pero sin gasolina no podrá cumplir su propósito que es transportarte de un lugar a otro.

Tú fuiste creado para que tuvieras propósito, vida, dominio, poder, identidad a través de mi en la Tierra, YO SOY como esa gasolina, les devolveré el dominio que han perdido, dice Jesús. También dice, *Yo Soy la puerta el que por mi entrare será salvo* **Juan 10:9**, la cruz es la puerta para entrar al Reino de los Cielos y la llave se llama "ARREPENTIMIENTO".

Cuando nos arrepentimos, traspasamos la puerta que es la cruz la sangre Pura y Santa que Jesús derramó allí, cae en nuestro espíritu muerto, debido a nuestra naturaleza adámica y a todos los pecados que hemos cometido desde que tenemos conciencia del bien y el mal, entonces esa sangre nos da vida al espíritu, limpiándonos de todo pecado, de toda condenación y declarándonos libres. Aquí es que toma lugar el milagro mas portentoso que puede ocurrir, *"NACER DE NUEVO"*, si, Jesús lo revela en **Juan 3**, cuando dice que nadie puede ver el Reino de Dios hasta que no nazca de nuevo, nueva naturaleza, la naturaleza del agua (limpieza) y del Espíritu (pureza).

Entonces la pregunta es "Arrepiéntanse"… de qué??? …. Pues de tomar tu propio camino en esta vida, de no vivir conforme a las Escrituras, La Ley del Reino, arrepentirnos de gobernarnos a nosotros mismos, que con esto rechazamos el dulce gobierno de PAPA-Creador, **arrepentirnos de vivir independientemente de Dios,** pues que, dese cuenta que está actuando igual que Eva, eso fue lo que la sedujo a comer de la manzana, el creer que adquiriría sabiduría sin necesitar de Dios, ya ves como si estamos atados al pecado de la manzanita… De lo que tenemos que arrepentirnos es de estar en nuestro propio control de vida y darles el control de nuestras vidas al verdadero Dueño y Señor de nuestras vidas, el Salvador, nuestro héroe, el Apasionado de los apasionados, el cual no escatimó nada sino que lo dio Todo por Amor, de tal manera amo Dios al mundo que dio a su hijo, permitiendo que le traspasarán la carne en el madero, para abrirnos un camino nuevo, en la santidad de su sangre y poder llegar al Trono del Santísimo Padre que es Santo, Santo, Santo, 3 veces Santo, porque como está escrito, sin santidad nadie verá al Señor. Tenemos que vestirnos de la piel de Jesús para poder recobrar el Reino. Usted tiene 2 alternativas: ser gobernado por Dios o gobernar su vida en sus propias fuerzas, a su manera. Si escoge la 2da, estará permitiendo que el espíritu de independencia entre en su corazón (como le pasó a Adán y Eva) y seguirá fuera de la jurisdicción del Reino, que es lo que realmente todos estamos buscando, ampararnos bajo la justicia que es Jesús para poder recobrar lo perdido en el Edén, (dominio, autoridad, propósito, identidad).

Entonces, Jesús, les dice, YO LES AMO, YO quiero restaurarlos, yo quiero sanarlos, yo quiero protegerlos, entren a mi territorio quiero convertirlos en mis hijos, en linaje escogido, en nación Santa, en pueblo adquirido por Dios y si son mis hijos también herederos del Reino. Pero también Jesús, dijo sobre los 4 tipos de oidores en *la parábola del Sembrador Mateo 13*, les mencionaré 2

1. Los que oyen la Palabra, pero como no la entienden, la rechazan unos debido a tradiciones enseñadas contrarias a la

Palabras y otros por tantos sufrimientos vividos que pierden la esperanza y no creen que el Reino puede libertarlo, es como si dijeran no necesito un Salvador… entonces, el maligno le arrebata la semilla que cayó en el camino…

2. Pero la semilla que fue sembrada en buena tierra, esos son los que la oyen, reciben, la creen, la practican y dan fruto

Así que, quien??? es esa buena tierra que ha recibido el entendimiento de la Palabra, quien??? es ese que ha entendido que todo **Lo que estamos Buscando** esta en el Reino de Papá Creador, quien??? Es el que ha entendido que vivir independiente de DIOS le corta los derechos de hijo, quien??? Ha entendido lo que es un arrepentimiento genuino, quien ha entendido que el **Arrepentimiento es el requisito para recobrar el Reino** quien??? Ha entendido que solo otra vez de la **cruz de Jesucristo** es que se puede entrar al Reino de los Cielos y la llave se llama **ARREPENTIMIENTO**. Quien??? es el que decide entrar al territorio de Dios con el deseo ardiente de sujetarse a las Leyes del Reino de Papá??? Pues entonces siga estos pasos…

♥ Pida al Espíritu Santo que traiga redargüir (confrontación, convicción, certeza, entendimiento) de que le ha fallado a DIOS cometiendo pecado…

♥ Reconozca que Jesús, es el Hijo de Dios, que vino a salvarlo perdonándole los pecados y a trasladarlo del reino de las tinieblas al Reino de la LUZ Admirable

♥ Arrepiéntase total, pues ya no quiere sentir el dolor, le separación que provoca fallarle a Dios, *Romanos 5:1*

♥ Renuncie a los pecados, apartase de los malos caminos, haga pacto con Jesús (caminaré DEPENDIENDO de TI, me sujetaré a tus Leyes y me someteré a tu Voluntad)

♥ Pedir entendimiento, experiencias Sobrenaturales, hambre y sed por conocer su Reino.

A continuación porciones bíblicas que confirman lo que le he hablado:

La buena noticia nos habla de la grandeza de Cristo, y Cristo a su vez nos muestra la grandeza de Dios. Ese mensaje brilla como la luz; pero los que no creen no pueden verla, porque Satanás no los deja. (2Corintios 4:4)

pues por falta de conocimiento mi pueblo ha sido destruido. Puesto que rechazaste el conocimiento, yo también te rechazo como mi sacerdote. Ya que te olvidaste de la ley de tu Dios, yo también me olvidaré de tus hijos. (Oseas 4:6)

No, y les digo de nuevo, a menos que se arrepientan, ustedes también perecerán». (Lucas 13:5 NTV)

³ *Respondió Jesús y le dijo: De cierto, de cierto te digo, que el que no naciere de nuevo, no puede ver el reino de Dios.*⁴˙˙˙

⁵ *Respondió Jesús: De cierto, de cierto te digo, que el que no naciere de agua y del Espíritu, no puede entrar en el reino de Dios. (S. Juan 3:3,5)*

A cualquiera, pues, que me confiese delante de los hombres, yo también le confesaré delante de mi Padre que está en los cielos. Y a cualquiera que me niegue delante de los hombres, yo también le negaré delante de mi Padre que está en los cielos. (S. Mateo 10:32, 33 RVR60)

Así que, arrepentíos y convertíos, para que sean borrados vuestros pecados; para que vengan de la presencia del Señor tiempos de refrigerio, (Hechos 3:19 RVR60)

Si decimos que tenemos comunión con él, y andamos en tinieblas, mentimos, y no practicamos la verdad; pero si andamos en luz, como él está en luz, tenemos comunión unos con otros, y la sangre de Jesucristo su Hijo nos limpia de todo pecado. Si decimos que no tenemos pecado, nos engañamos a nosotros mismos, y la verdad no está en nosotros. Si confesamos nuestros pecados, él es fiel y justo para perdonar nuestros pecados, y limpiarnos de toda maldad. (1 Juan 1:6-9 RVR60)

A lo suyo vino, y los suyos no le recibieron. Mas a todos los que le recibieron, a los que creen en su nombre, les dio potestad de ser hechos hijos de Dios; los cuales no son engendrados de sangre, ni de voluntad de carne, ni de voluntad de varón, sino de Dios. (S. Juan 1:11-13 RVR60)

Pero cuando vino el cumplimiento del tiempo, Dios envió a su Hijo, nacido de mujer y nacido bajo la ley, para que redimiese a los que estaban bajo la ley, a fin de que

recibiésemos la adopción de hijos. Y por cuanto sois hijos, Dios envió a vuestros corazones el Espíritu de su Hijo, el cual clama: ¡Abba, Padre! Así que ya no eres esclavo, sino hijo; y si hijo, también heredero de Dios por medio de Cristo.
(Gálatas 4:4-7 RVR60)

[14] *Si esto es así, ¡cuánto más la sangre de Cristo, quien por medio del Espíritu eterno se ofreció sin mancha a Dios, purificará nuestra conciencia de las obras que conducen a la muerte, a fin de que sirvamos al Dios viviente!* [15] *Por eso Cristo es mediador de un nuevo pacto, para que los llamados reciban la herencia eterna prometida, ahora que él ha muerto para liberarlos de los pecados cometidos bajo el primer pacto.* [16] *En el caso de un testamento, es necesario constatar la muerte del testador,* [17] *pues un testamento sólo adquiere validez cuando el testador muere, y no entra en vigor mientras vive.* **(Hebreos 9:14-17)**

[27] *Y así como está establecido que los seres humanos mueran una sola vez, y después venga el juicio,* [28] *también Cristo fue ofrecido en sacrificio una sola vez para quitar los pecados de muchos; y aparecerá por segunda vez, ya no para cargar con pecado alguno, sino para traer salvación a quienes lo esperan.* **(Hebreos 9: 27-28)**

Mas vosotros sois linaje escogido, real sacerdocio, nación santa, pueblo adquirido por Dios, para que anunciéis las virtudes de aquel que os llamó de las tinieblas a su luz admirable; vosotros que en otro tiempo no erais pueblo, pero que ahora sois pueblo de Dios; que en otro tiempo no habíais alcanzado misericordia, pero ahora habéis alcanzado misericordia. **(1 Pedro 2:9, 10 RVR60)**

El Traslado al Reino de Dios

Cuando ejercemos en arrepentimiento genuino lo que prosigue es el Traslado al Reino de la luz, lo que todos estamos buscando…

Romanos 10:9 que si confiesas con tu boca que Jesús es el Señor, y crees en tu corazón que Dios lo levantó de entre los muertos, serás salvo. (enfasis añadido) SALVO!!!… rescatado, redimido, comprado =Nueva Vida *Colosenses 1:12-14 Él los ha facultado para participar de la herencia de los santos en el reino de la luz. ¹³ Él nos libró del dominio de la oscuridad y nos trasladó al reino de su amado Hijo, ¹⁴ en quien tenemos redención, el perdón de pecados.* =Traslado a una Nueva Ciudadanía.

JESUS nos anunció todas las cosas. En *Juan 3* el nos habla sobre el "nuevo nacimiento para entrar en el Reino". Muchos creyentes llaman a esto ser salvo y si es cierto, pero creo que es más útil pensar en el nuevo nacimiento como el **proceso de naturalización,** el proceso que nos acondiciona, que nos devuelve nuestra naturaleza para poder convertirnos en ciudadanos NATIVOS del Reino. Nos naturaliza porque nos regresa a nuestro estado natural original de autoridad y dominio de la Tierra, sin el pecado de Adán ni el arrastre de pecados cometidos por nosotros mismos y nuestros antepasados, como Dios planeó en el principio.

Cuando nos convertimos en ciudadanos nativos del Reino de Dios, significa que nos alineamos, que adopatamos un nuevo gobierno, una nueva nación, abrazando su idioma, sus ideales y valores. La Constitución del Reino es explicita en cuanto a nuestra ciudadanía, *Filipenses 3:20 En cambio, nosotros somos ciudadanos del cielo, de donde anhelamos recibir al Salvador, el Señor Jesucristo.*

Si, es real, lo dice la Constitución, si usted ha nacido de nuevo aprópiese de sus nuevos derechos y privilegios pero no olvide sus responsabilidades para que las clausulas de la desobediencia no se activen. Ni tampoco postergue el uso de las llaves. El problema mayor que tenemos la humanidad es esa tendencia a desobedecer, pero a la misma vez es tan fácil resolver el problema, pues no hay que pegarse a la lotto, con solo **OBEDECER**, aplastamos el obstáculo que hay para redimir nuestra herencia.

Lucas 6:46 ¿Por qué me llaman ustedes "Señor, Señor", y no hacen lo que les digo? Cuando esta verdad es revelado en nuestro espíritu (que tenemos un Señor y que las cosas ya no son a nuestra manera, sino a la manera de nuestro Señor) entonces se libera y se alimenta en nosotros un espíritu generoso que nos permite actuar a semejanza de Jesús, nuestro Señor, y nos alinea para recibir su voluntad para nuestra vida. *Jeremías 29:11 Porque yo sé muy bien los planes que tengo para ustedes —afirma el SEÑOR—, planes de bienestar y no de calamidad, a fin de darles un futuro y una esperanza.* En fin, la obediencia es el reconocimiento del señorío. Cuando obedecemos, estamos diciendo: "Tu eres mi Señor y mi vida es tuya, tus deseos son órdenes". La palabra Señor nunca debe ser usada junto a la palabra "pero". Esas 2 palabras no pueden ir juntas "Te amo Señor, pero..." o de lo contrario el no es el Señor. No podemos proclamarlo Señor y luego poner excusas para no obedecerlo. La única palabra apropiada para usarse junto a Señor es "SI!!!". El es Señor de todo.

Un rey elige quien será su ciudadano y le da todos los beneficios de ciudadanía... pero estos deben reflejar la naturaleza y el carácter de su rey al vivir, al actuar, como se visten, al andar, al hablar, etc... *Juan 15:16-19* [16] *No me escogieron ustedes a mí, sino que yo los escogí a ustedes ...* [19] *Si fueran del mundo, el mundo los querría como a los suyos. Pero ustedes no son del mundo, sino que yo los he escogido de entre el mundo. Por eso el mundo los aborrece.*

La **Constitución** es el pacto del rey con sus ciudadanos y su reino. Contiene las aspiraciones y los deseos del rey para estos. También delinea, garantiza y protege los derechos (beneficios y privilegios) específicos de la gente que vive bajo esa jurisdicción. Es un contrato real que se origina completamente y exclusivamente en el corazón, mente y voluntad del rey, es decir, sus deseos e intenciones para con nosotros los ciudadanos. Poner la Constitución por escrito establece los limites y que estos se puedan medir, esta, establece las leyes diseñadas con el propósito expreso de asegurarse que todos esos términos, condiciones y derechos sean preservados, protegidos y cumplidos. Una voluntad (deseos e intenciones) de alguien que se mantiene en la mente nunca puede ser defendida en una corte. Es decir, el testamento escrito clarifica a todas las partes su deseo e intención y las hace verificables en una corte. "--- Esto es lo que mi Rey me garantizó en la Constitución ---", entonces el Rey dice: "según mi Palabra, sea hecho en ti".

De manera que la Biblia es un Documento Legal, DIOS dice: "Te bendeciré, te prosperaré, haré tu nombre grande…" eso es Constitución, pero el documento legal no termina aquí, sigue diciendo "… si me obedeces y guardas mi Palabra, y caminas rectamente…", le ha dado leyes que establecen las condiciones para que se apliquen los beneficios y privilegios. El gobierno del mundo dice que usted es libre para vender, rentar, comprar propiedades etc… siempre y cuando pague los impuestos, ósea no quebrante la ley, hay que obedecer y respetar el orden social. Si quebranta las leyes los derechos constitucionales lo son quitados. En el Reino de los Cielos no es distinto.

Si violamos el pacto, las Clausulas de Bendiciones quedan sin efecto y la Clausula de consecuencias entra en acción. Es que las leyes están incorporadas en la creación y siempre llevan consecuencias cuando son violadas. ILUSTRACION: Si uno trata de desafiar la ley de gravedad, saltando de un segundo piso, quedará todo dolorido, si es que logra sobrevivir a la caída. De igual forma cuando violamos una ley terrenal, recibimos la multa, la pena, la sentencia correspondiente. La ley lleva su propio juicio incorporado. Y es que necesitábamos algo que frenara nuestra naturaleza e instintos y nos impidiera destruirnos por el egoísmo incontrolable, la pasión y la violencia que está en nuestra naturaleza pecaminosa. De hecho, el propósito de la ley escrita es restaurar la ley natural, es decir a nuestro estado original el que era antes de que Adán y Eva desobedecieran. La inocencia, ese poderoso estado que nos permite estar en la Santa Presencia de DIOS de donde mana el PODER.

Además, de obedecer las leyes también tenemos que tener bien claro que si pertenecemos a una nueva nación hay una **Nueva Cultura** a la cual debemos de adaptarnos como un bebé recién nacido. No es posible llegar a Rusia y pretender que nos entiendan en nuestro idioma, pagar con la moneda e implantar las leyes de nuestro antiguo país.

Y que es cultura??? Cultura es el medio ambiente donde crecimos (son el conjunto de una tierra, un lenguaje, leyes, símbolos, constitución, código moral, valores compartidos, costumbres, normas sociales) todo esto junto es cultura. La cultura se revela, se manifiesta, a través de lo que valoramos, de lo que prioricemos, de nuestro comportamiento, de nuestro nivel de conformismo, de cómo y que celebramos, en lo que aceptamos y lo que rechazamos, es decir nuestra actitud y manera de responder (ética) revela la cultura. Nuestro lenguaje, vestimenta y hasta la comida reflejan nuestra cultura. Esto se adquiere del medio ambiente donde crecimos. Este medio de crecimiento fue también donde aprendimos nuestros prejuicios y nuestros rencores, nuestros celos, nuestra avaricia y orgullo.

Un día descubrimos el Reino de los Cielos y Wow!!! Nacimos de Nuevo y nos trasladamos, es decir, nos convertimos en ciudadanos del Reino de Dios. Y entonces es cuando el verdadero desafío comenzó, porque después de pasar 20, 30, 40 años en un medio ambiente que nos entrenó para pensar de acuerdo a su cultura, ahora nos encontramos en un medio ambiente totalmente opuesto donde la pureza, el amor, la paz, la fidelidad, la generosidad etc... son las que constituyen su cultura. Entonces, ¿Como nos deshacemos de la cultura vieja en nuestros corazones y mentes para vivir la nueva? Ese es el gran desafío...¿Como nos deshacemos de la cultura vieja en nuestros corazones y mentes para vivir la nueva? Todo el conocimiento que te hará libre está en la Constitución, la Biblia. Por eso es que es sumamente importante seguir al pie de la letra todos los consejos que nos da Papá-Rey en su Palabra. Por eso a continuación les tengo Porciones Bíblicas que le ayudaran a ir conociendo la nueva cultura de la Nación a la que usted pertenece ahora "El Reino de la Luz".

Conociendo las leyes, estatutos y la cultura
de nuestra nueva Nación, el Cielo

Salmos 19:7-11 [7] *La ley del Señor es perfecta: infunde nuevo aliento. El mandato del Señor es digno de confianza: da sabiduría al sencillo.* [8] *Los preceptos del*

SEÑOR son rectos: traen alegría al corazón. El mandamiento del SEÑOR es claro: da luz a los ojos.⁹ El temor del SEÑOR es puro: permanece para siempre. Las sentencias del SEÑOR son verdaderas: todas ellas son justas.¹⁰ Son más deseables que el oro, más que mucho oro refinado; son más dulces que la miel, la miel que destila del panal.¹¹ Por ellas queda advertido tu siervo; quien las obedece recibe una gran recompensa. (Énfasis añadido) ¿Que hace la ley del Señor en nosotros? Revive nuestro espíritu, nos da sabiduría y nos llena de gozo. Ilumina nuestra mente y nos llena de confianza por causa de la permanencia en su rectitud. Nos enriquece con mas riquezas que cualquier riqueza terrenal y nos deja un sabor dulce en nuestras bocas. Nos advierte sobre el peligro y nos pone en la senda hacia grandes recompensas

Tu nueva Cultura es…

♥ **Costumbres** (comportamiento, conducta) En las **Bienaventuranzas**, describe la forma en que un ciudadano del Reino de DIOS debe actuar manifestando así el carácter del REY.

Mateo 5:3-10 (NVI)³ Dichosos los pobres en espíritu, porque el reino de los cielos les pertenece.⁴ Dichosos los que lloran, porque serán consolados.⁵ Dichosos los humildes, porque recibirán la tierra como herencia.⁶ Dichosos los que tienen hambre y sed de justicia, porque serán saciados.⁷ Dichosos los compasivos, porque serán tratados con compasión.⁸ Dichosos los de corazón limpio, porque ellos verán a Dios.⁹ Dichosos los que trabajan por la paz, porque serán llamados hijos de Dios.[10] Dichosos los perseguidos por causa de la justicia, porque el reino de los cielos les pertenece.

♥ Prioridad…

Mateo 6:31-33 (NVI)[31] Así que no se preocupen diciendo: "¿Qué comeremos?" o "¿Qué beberemos?" o "¿Con qué nos vestiremos?" [32] Porque los paganos andan tras todas estas cosas, y el Padre celestial sabe que ustedes las necesitan. [33] Más bien, **busquen primeramente el reino de Dios y su justicia**, y todas estas cosas les serán añadidas.

♥ nos habla sobre la **Ética…**

Lucas 6:31(NVI)[31] Traten a los demás tal y como quieren que ellos los traten a ustedes. **Mateo 18:21-22** (NVI)[21] Pedro se acercó a Jesús y le preguntó:—Señor, ¿cuántas veces tengo que perdonar a mi hermano que peca contra mí? ¿Hasta siete veces?[22] —No te digo que hasta siete veces, sino hasta setenta veces siete —le contestó Jesús—.

♥ nos indica **Normas Sociales**

Gálatas 5:22-23(NVI)[22] En cambio, el fruto del Espíritu es amor, alegría, paz, paciencia, amabilidad, bondad, fidelidad, [23] humildad y dominio propio. No hay ley que condene estas cosas.

♥ nos habla sobre la **Vestimenta**

1 Pedro 3:3-4(NVI)[3] Que la belleza de ustedes no sea la externa, que consiste en adornos tales como peinados *ostentosos, joyas de oro y vestidos lujosos. ⁴ Que su belleza sea más bien la incorruptible, la que procede de lo íntimo del corazón y consiste en un espíritu suave y apacible. Ésta sí que tiene mucho valor delante de Dios.*

♥ nos habla sobre la **Comida**.

Mateo 4:4(NVI)⁴ *Jesús le respondió:—Escrito está: "No sólo de pan vive el hombre, sino de toda palabra que sale de la boca de Dios."* **Juan 4:34(NVI)**³⁴ *—Mi alimento es hacer la voluntad del que me envió y terminar su obra —les dijo Jesús—.*

♥ sobre nuestra **Distinción**

Efesios 5:1-11 *(NVI)5 Por tanto, imiten a Dios, como hijos muy amados, ² y lleven una vida de amor, así como Cristo nos amó y se entregó por nosotros como ofrenda y sacrificio fragante para Dios.³ Entre ustedes ni siquiera debe mencionarse la inmoralidad sexual, ni ninguna clase de impureza o de avaricia, porque eso no es propio del pueblo santo de Dios. ⁴ Tampoco debe haber palabras indecentes, conversaciones necias ni chistes groseros, todo lo cual está fuera de lugar; haya más bien acción de gracias. ⁵ Porque pueden estar seguros de que nadie que sea avaro (es decir, idólatra), inmoral o impuro tendrá herencia en el reino de Cristo y de Dios.⁶ Que nadie los engañe con argumentaciones vanas, porque por esto viene el castigo de Dios sobre los que viven en la desobediencia. ⁷ Así que no se hagan cómplices de ellos.⁸ Porque ustedes antes eran oscuridad, pero ahora son luz en el Señor. Vivan como hijos de luz ⁹ (el fruto de la luz consiste en toda bondad, justicia y verdad) ¹⁰ y comprueben lo que agrada al Señor.*

[11] *No tengan nada que ver con las obras infructuosas de la oscuridad, sino más bien denúncienlas,*

♥ Instrucciones para **Renovar los Pensamientos**

2 Corintios 10:3-6 (NVI)[3] pues aunque vivimos en el *mundo, no libramos batallas como lo hace el mundo. [4] Las armas con que luchamos no son del mundo, sino que tienen el poder divino para derribar fortalezas. [5] Destruimos argumentos y toda altivez que se levanta contra el conocimiento de Dios, y llevamos cautivo todo pensamiento para que se someta a Cristo. [6] Y estamos dispuestos a castigar cualquier acto de desobediencia una vez que yo pueda contar con la completa obediencia de ustedes.

♥ En que **Pensar**

Filipenses 4:8-9(NVI) [8] Por último, hermanos, consideren bien todo lo verdadero, todo lo respetable, todo lo justo, todo lo puro, todo lo amable, todo lo digno de admiración, en fin, todo lo que sea excelente o merezca elogio. [9] Pongan en práctica lo que de mí han aprendido, recibido y oído, y lo que han visto en mí, y el Dios de paz estará con ustedes.

♥ Hay que aprender el **Lenguaje de FE**

Y para aprender todas estas cosas fue que nos ordenó…. *Hebreos 10:25(NVI)[25] No dejemos de congregarnos, como acostumbran hacerlo algunos, sino animémonos unos a otros, y con mayor razón ahora que vemos que aquel día se acerca.*

Para que... *Deuteronomio 6:24-25 (RVR1960)*[24] *Y nos mandó Jehová que cumplamos todos estos estatutos, y que temamos a Jehová nuestro Dios, para que nos vaya bien todos los días, y para que nos conserve la vida, como hasta hoy.* [25] *Y tendremos justicia cuando cuidemos de poner por obra todos estos mandamientos delante de Jehová nuestro Dios, como él nos ha mandado.*

"Baby food" para el... Nacido de Nuevo...

Ok, ya le preparamos el cuartito al bebe con su cunita, sabanitas, hemos seguido todas las instrucciones del ginecólogo y ya parimos!!! Tenemos el bebe y ahora a darle todos los cuidados necesarios para que ese bebe se fortalezca.

Eso es exactamente lo que hemos hecho en el espíritu, cuando hemos intimado con el Padre, hemos orado por esas almas que no lo conocen, el Señor nos ha dado unas instrucciones, las hemos obedecido, nos hemos preparado en palabra, en recurso humano, salimos a predicar (a parir) y finalmente tenemos al nacido de nuevo, *Juan 3*.

Pero aquí no se termina, ahora hay que fortalecer ese nacido de nuevo. Y aquí es que comenzamos lo que yo le he llamado los **"Baby food"** para el nacido de nuevo, que no es otra cosa que un proceso de afirmación estructurado para el nuevo creyente impartido por un hermano mayor…

Comencemos!!!

"Baby food" para el... Nacido de Nuevo...

Los 14 Temas y/o **"Baby food"** para impartir...
de forma individual como -taller-platicás...

1. De recién nacido a GUERRERO
2. La Oración (su importancia, su misterio, su poder)
3. La importancia de la Alabanza y la Adoración Constante (su misterio, su poder)
4. La Biblia (su misterio, su poder, sus partes, los héroes, las promesas, la espada, la importancia de leerla diariamente)
5. La Paternidad de DIOS
6. LA LENGUA, ¿podrás gobernarla?
7. La Mente, Base de Operación en la Guerra
8. El Espíritu Santo (como es, quien es y cómo está con nosotros)
9. Las Virtudes del Fruto del Espíritu Santo
10. El ayuno
11. El perdón
12. Las BIENAVENTURANZAS
13. El Corazón
14. La Honra y su relación con la FE

1er Tema

De Recién Nacido a Guerrero

(altamente recomendado, medite en los textos que se le citan)

El propósito principal de Dios es que todo nacido de nuevo *(Juan 3:5)*, ósea su hijo, que entra el Reino crezca, madure, reciba su herencia hasta convertirse en un guerrero para establecer su gobierno en la Tierra. Somos hijos del Varón de Guerra *(Éxodo 15:3)* así que heredamos ese espíritu de guerra. La clave para llegar a ser un guerrero del Reino es entender y conocer la paternidad de Dios y saber lo que es ser su hijo.

Niveles de Madurez Natural, aplicables al plano espiritual, y que tipo de hijo es según el nivel en que están:

1. "Brefos": es un feto, ósea que aun está en el vientre de la madre ó que acaba de nacer. Este se alimenta del cuerpo de la madre ó ya, acabado de nacer se alimenta del seno de la madre. En el plano espiritual este es el que para nacer necesita de la oración y predicación de un hombre ó mujer y que ya nacido (ósea arrepentido y convertido) es vital que se le dé los cuidados tan íntimos,

tiernos y de tanta atención que necesita un recién nacido.

2. "Népios": es un infante, no mayor de 2 años, es un niño pequeño en pañales, que esta aprendiendo a caminar se cae, grita y llora cuando tiene una necesidad porque no sabe valerse por sí mismo. En el plano espiritual lo mismo sucede, este es el cristiano que necesita que se le consuele, se le anime, se le ayude, se le instruya, se le liberte... Esto está bien para un cristiano que tiene menos de 2 años de nacido de nuevo y/o asistiendo a la iglesia, porque de la misma forma que esperamos que un joven de 20 años camine, hable y se sepa valerse por sí mismo, así también esperamos que el cristiano que ya tiene varios años en la iglesia se le pueda hablar de disciplina, corrección, reprensión, servicio, compromiso, etc... pues son los mecanismos que le llevaran al crecimiento, al desarrollo, a la madurez... A un niño de 2 años no se le puede llevar al campo de batalla, es aquí el error común, los extremos, ponemos a un cristiano bebe hacer guerra espiritual territorial, cuando aun no ha madurado y por otro lado tenemos gente asistiendo a las iglesias por años si querer madurar porque le huyen a la disciplina, corrección, reprensión, servicio, compromiso, etc... Así que este (un niño de 2 años) no puede ir al campo de guerra, aun no es un guerrero, no puede ir a tomar su ciudad y por ende aun no puede disfrutar de la herencia que le destinó su Padre. Reflexiona en *1 Corintios 3:1-3*

3. "Paidion": esta se refiere a la etapa de la niñez, de 3 años a 12 años, este es el periodo en que los padres están entrenando a sus hijos a ser obedientes, diligentes, respetuosos a las autoridades (Dios, padres naturales, maestros, etc.), en esta etapa los niños deben aprender que es doloroso desobedecer y que trae consecuencias. En el plano espiritual este representa a un cristiano inmaduro que necesita mucha instrucción y corrección, los líderes espirituales deben buscar que ellos entienden lo apropiado y poderoso que es para sus vidas el someterse a sus líderes como esa autoridad puesta por Dios en obediencia, respeto y diligente a sus instrucciones, puesto que esto es un principio básico para que la leyes del Reino de Dios se activen. Lo más importante es que entiendan que este sometimiento es interior manifestándose en lo exterior, puesto que si esto no se hace de corazón estarán en rebeldía y aquí todo proceso de crecimiento se estanca. Reflexiona en *Filipenses 2*.

4. "Teknon": este es el adolescente de 13 a 19 años, es un joven que todavía necesita entrenamiento, que se les supla sus necesidades, dirección, pero rara vez necesita corrección puesto que este ha entendido lo bueno que es obedecer a sus padres siendo obediente, diligente y respetuoso, pero su madurez aun está en proceso. En el plano espiritual este es el cristiano que sirve en su congregación con fidelidad, que los principios de la autoridad, obediencia y la sumisión los tiene establecidos en su corazón. Que ya han superado las etapas primarias

de la leche y la vara, pero que todavía necesitan entrenamiento. Reflexiona en *Gálatas 4: 1-2*.

5. "Juios": este es el hijo que alacanza madurez, en la cultura judía el joven se aceptaba como adulto a los 30 años y adquiría todos sus derechos como ciudadano, como votar y sentarse en los concilios de liderazgo. Además después de haber servido al padre fielmente, agradándolo y obedeciéndolo en todo, por sus 30 años de vida, tenía el derecho de recibir su herencia. En el plano espiritual no es una cuestión de edad sino de madurez lo que determina si está listo para ejercer sus derechos con justicia y para sostener su herencia, solo entonces es que se le será entregada.

Un niño (príncipe o princesa) se comporta con la inmadurez típica de su edad. Aun no sabe quién es, es el dueño de todo, pero ni tan siquiera puede entender lo que ser un heredero. Puede encontrarse al niño príncipe peleando por algún juguete que tenga un niño esclavo, el niño príncipe puede comprarse mil juguetes y se pelea por uno que tiene un esclavo, porque no sabe quién es.

Así es en el espíritu, muchos cristianos se comportan como niños porque no saben quiénes son, no lo entienden y no lo entienden porque el entendimiento ha sido bloqueado debido a que no han querido someterse a los principios básicos de las leyes del Reino de Dios, obediencia, respeto, diligencia, servicio, ósea sumisión que es obediencia con toda tu mente y con todo el corazón. Ósea no quisieron recibir la corrección del Padre.

6. "Neaniskos": este es el hijo Guerrero. En la cultura Antigua el hijo debía ser semejante, parecido al padre, pues lo mismo en lo espiritual, nosotros somos *hijos del Varón de Guerra (Éxodo 15:3)* así que heredamos ese espíritu de guerra. El evangelio y la 1era carta de Juan junto al libro de Efesios son libros ricamente preparados para equipar a una generación de cristianos GUERREROS. En aquel tiempo, la sabiduría del guerrero se alcanzaba al alrededor de los 30 a 40 años. En el mundo espiritual, se alcanza por fe, por las batallas libradas y porque son fuertes en la Palabra, esto les dá sabiduría.

Con los bebes, niños y adolescentes, no se puede ir a la guerra, no se puede tomar una ciudad, ni establecer el Reino de Dios en la Tierra. Necesitamos hijos maduros que puedan convertirse en Guerreros. Pero esto no se queda aquí, *porque herencia de Jehová son los hijos...* **Salmo 127:3** y Papá-Dios quiere que usted se convierta en un "Páter".

7. "Páter": es el hijo que llega a ser padre. La voluntad de Dios es llevarnos a ser guerreros, pero también, después de que hemos ganado las luchas y batallas espirituales, necesitamos un corazón paternal para transmitir y transferir la unción y las experiencias acumuladas -con los años y en el espíritu - a nuestros hijos. De modo que el nivel

alcanzado pase a una nueva generación produciendo un avance sustancial.

Así que le desafiamos a que tome la decisión de comprometerse someterse al crecimiento espiritual para que sea capaz de conquistar estableciendo el Reino de Papá es decir a dejarse transformar su corazón por Dios para que la paternidad pueda fluir en usted y que usted también pueda dar a luz hijos que formen las nuevas generaciones de Conquistadores.

Informe semanal del Hermano Mayor
al Pastor sobre el comportamiento y
progreso del nuevo creyente.

1. Que te preocupa de tu nuevo hermano menor

2. Que celebras de nuevo hermano menor

3. Alguna otra cosa que consideres mencionar sobre la dinámica que se está dando de hermano mayor a nacido de nuevo.

Hermano Mayor: _____.

Nacido de Nuevo: _____.

Fecha: _____.

Informe semanal del Nacido de Nuevo
a su Hermano Mayor sobre cómo puso
en práctica el tema discutido.

Tema: _____ _____.

Preguntas guías: ¿Qué paso? ¿Qué hiciste? ¿Qué pensaste? ¿Cómo te sentiste? ¿A qué renunciaste? ¿Qué elegiste? ¿Qué celebraste?

1. Lunes

2. Martes

3. Miércoles

4. Jueves

5. Viernes

6. Sábado

7. Domingo

Hermano Mayor: _____.

Nacido de Nuevo: _____.

Fecha: _____.

2do Tema

La Importancia de la Oración Constante (su Misterio, su Poder)
(altamente recomendado, medite en los textos que se le citan)

Si eres como yo, que pensaba... "para que orar, si Dios todo lo puede, sino se mueve una hoja en esta tierra sin que El lo permita, para que orar"... Pues te invito a reflexionar en esto...

Lo primero es que nos han mal enseñado que la oración es para pedir, gran error, en la oración pedimos pero esto constituye en 10% de lo que es orar. El propósito total de la oración es para q desarrolles una relación de intimidad, comunión con PAPÁ, con JESÚS y con ESPÍRITU SANTO. Para que desarrolles un "allí", un lugar secreto, un aposento, un lugar de donde venga la contestación de nuestra oración. Es decir, desde mi relación con DIOS es que viene mi FÉ, mi Paz, mi salud, mi transformación, mi provisión, mi revelación, mi entendimiento, la sabiduría, diseños, planes, instrucciones, etc...

Cuando oramos, el Cielo invade nuestro territorio (le damos derecho legal a actuar a favor de nosotros, *Mateo 6:10).* La oración es un lugar de poder, milagros y prodigios porque te haces uno con Él, *"el*

Padre y yo somos uno", (Juan 10:30). Es que el resultado de pasar tiempo con Él (en oración), será que pensaras, actuaras y hablaras como Él. Es que cuando logras esa intimidad, Él, se encargará que des fruto.

Salmos 25:14 "la comunión intima es con los que le temen..." es decir con los que sienten gran pavor de desagradarlo y que hacen todo lo posible por agradarlo, por honrarlo, por los que tienen hambre y sed de santidad porque anhelan ser 1 con ÉL y que tienen las cuentas al día con ÉL. El resultado de esto será que tendrá una *paz que sobrepasará todo entendimiento (Isaías 26:3, Job 22:21)*, una valentía y una fuerza sobrenatural para actuar *(Daniel 11:32)* y tendrá una satisfacción plena, completa que no tiene precio, a pesar de cualquier circunstancia *(Jeremías 31:25, Efesios 1:23)*.

Cuando no hay estas (relación, comunión, comunicación, intimidad, oración) entonces lo que tienes es una religión. Sabias que hay mucha gente en las iglesias que le sirven a Dios por miedo al infierno y no por amor, eso también es religión. La oración no es una formula ni es algo mecánico, por eso es que Jesús dijo: *"y orando no uséis vanas repeticiones..." (Mateo 6:7).* La oración es algo que sale del corazón es una experiencia sobrenatural.

Sin embargo, una relación requiere que decidas invertir tiempo. Hay que planificar y desarrollar disciplina, perseverancia y compromiso para desarrollar esta relación que es la más mega importante en nuestra vida, de hecho hay que darle importancia, valorarla y honrarla como prioridad absoluta por encima de todas las otras relaciones, por que como dice en *(Mateo 6:33) "buscad el primeramente el Reino de DIOS y su Justicia y todas las demás cosas serán añadidas"* y para que esta palabra se concrete es a través de obedecer este mandato de prioridad en nuestras vidas. Una decisión que no va acompañada de una disciplina, no funcionará. (disciplina- hacer lo que desidistes hacer, en el momento que lo planificaste hacer)

También no podemos ignorar que tenemos 3 enemigos que se encargarán de robarte el tiempo que hayas decidido invertir en tu nueva relación con DIOS (que es lo mismo que tu vida de oración) y estos son: el mundo, los deseos de tu carne y satanás, de estos 3 enemigos les hablaré más adelante, solo les adelantaré que la razón por la cual satanás ataca las relaciones es porque **PODER** se origina ahí, en tu relación con DIOS!!!

Hay que pedir con Fe *(Santiago 1:6-8)*, pidiendo ayuda al Espíritu Santo *(Romanos 8:26)*, pedir para bien *(Santiago 4:3)* conforme a sus promesas para con nosotros que están en su Palabra. También hay que ser compresivo y perdonar a los demás para que nuestras oraciones no tengan estorbo *(1Pedro 3:7) (Marcos 11:25)*. La oración tiene innumerables beneficios, por ejemplo, nos da dominio sobre cualquier tentación *(Mateo 26:41)* también para que echemos nuestras cargas sobre ÉL y tengamos descanso *(Mateo 11:28) (Filipenses 4:6)*, también traemos su gobierno a nuestro espacio para dominar toda situación *(Mateo 6:5)*, la oración del Padre

Nuestro dice *"venga Tu reino"*- traemos Su gobierno, Su orden, Sus leyes, Sus estatutos a nuestra vida que le pertenece a El, también dice *"hágase Tu voluntad"*- Sus deseos no nuestros. El "El Padre Nuestro" es un modelo de oración que Jesús nos dio *(Mateo 6: 5-15)* y no tan solo eso es una estructura un estilo de vida, retese a vivir como dice esta porción de las escrituras, uff, su vida será transformada.

Bueno pero dejemos de hablar de la oración y pongámosla en práctica!!!

1. Humillémonos en su Presencia – haciendo esto reconocemos que somos débiles y que sin El, nada podemos hacer. *(2 Crónicas 7:14, Juan 15:1-5)*
2. Empiece ya!!! *(Job 22: 21-27)*
3. Busquemos su Rostro – buscar significa indagar, buscar diligentemente *(Proverbios 22:29)*, buscar algo con desesperación… *(Salmos 42: 1-2, Salmos 63: 1-2)* Creo que la iglesia de Dios no está buscando al Señor con desesperación constantemente, solo cuando tienen problemas y persecución, pero usted Nuevo convertido, nacido de nuevo, hágalo y verá lo SobreNatural de Dios manifestándose en su vida!!!

Y para los que piensan que el repertorio de la oración se les acaba en 10 minutos, leer la biblia es también orar, es mas, a mi me gusta mucho mas leer la biblia porque es escucharlo a El, hablarme a mi.

A Orar se ha dicho!!!

Informe semanal del Hermano Mayor
al Pastor sobre el comportamiento y
progreso del nuevo creyente.

4. Que te preocupa de tu nuevo hermano menor

5. Que celebras de nuevo hermano menor

6. Alguna otra cosa que consideres mencionar sobre la dinámica que se está dando de hermano mayor a nacido de nuevo.

Hermano Mayor: _____.

Nacido de Nuevo: _____.

Fecha: _____.

Informe semanal del Nacido de Nuevo
a su Hermano Mayor sobre cómo puso
en práctica el tema discutido.

Tema: _____   _____.

Preguntas guías: ¿Qué paso? ¿Qué hiciste? ¿Qué pensaste? ¿Cómo te sentiste? ¿A qué renunciaste? ¿Qué elegiste? ¿Qué celebraste?

1. Lunes

2. Martes

3. Miércoles

4. Jueves

5. Viernes

6. Sábado

7. Domingo

Hermano Mayor: _____.

Nacido de Nuevo: _____.

Fecha: _____.

"Baby food" para el... Nacido de Nuevo...

3er Tema

La Importancia de la Alabanza y Adoración Constante (su Misterio, su Poder)
(altamente recomendado, medite en los textos que se le citan)

Antes yo creía que la alabanza era como un género musical, una clase de música, la que era de Dios, es decir, pues la salsa de los cocolos, el rap para los raperos y la alabanza para los cristianos. Que equivocada estaba, de que tantas cosas me estaba perdiendo por mi falta de conocimiento. Alabar a DIOS no es una canción rápida o una canción lenta. La alabanza es una respuesta espontánea por la plenitud del Espíritu Santo en una vida. Es cuando entendemos, es cuando estamos consientes de su Majestuosa Presencia, REY de reyes y Señor de señores. Es una Celebración brillante, luminosa, de regocijo, escandalosa, delirante, como ridículo, dispuestos a lucir como que has perdido la cabeza, temporalmente.

La Alabanza reconoce la misericordia de Dios, declara sus acciones con gozo, sus obras poderosas. La alabanza bíblica se expresa con el cuerpo, (brincar, danzar, aplaudir, gritar, declarar, reír *(Job 8:21), levantando manos (Salmo 47:1) batid las manos (Salmos 134: 2) Alzad vuestras manos al santuario*, cantar hasta recibir el Espíritu de Adoración!!!

Adorar es como que la respuesta de Dios a nuestra alabanza, es cuando el Espíritu Santo a través de ti adora al Padre, La Biblia dice *que el Espíritu Santo intercede por nosotros con gemidos indecibles (Romanos 8:26)*, cedes tu voluntad al Espíritu Santo y El pone las palabras en ti. Adorar es reconocer q El es Grandeza, q El es Santidad, q El es Magnificencia, q El es AMOR, que El es Omnisciente, que El es Omnipresente, que El es Todopoderoso, que no es hombre sino que es DIOS, es a El por lo que es El y no por lo que le puede dar, Ejemplo: ¿a usted le gustaría que lo amen por lo q usted da y por lo que hace? O por lo que usted es? Mmmm… hay un dicho que dicen por ahí… "el amor y en el interés se fueron al campo un día". Bueno, con Dios las cosas no funcionan así, *El jamás podrá ser burlado (Galatas 6:7)*, El conoce todos tus pensamientos y tu corazón *(Salmo 139)*. Así que adorar NO es amar a Dios por lo que El me da sino que es, porque El es Dios!!!

Cuando adoramos afir mamos su Presencia en medio nuestro, lo reconocemos, lo declaramos una realidad en nuestra vida. La adoración no tiene limite a la hora de demostrarla pero en ocasiones se demuestra con una postura de reverencia, a veces es más silenciosa porque es una acción interna, aunque también se demuestra danzando en el espíritu y hablando en lenguas pero igual no se limita a esto porque DIOS es un constante CREADOR!!!

Existen unos enemigos de la adoración, la queja es uno de estos, esta destruye la atmósfera que crea la alabanza y la adoración, otros de estos son: estar consciente de sí mismo, es como cuando estas pendiente de tu alrededor en vez de estar enfocado en Dios, das una alabanza liviana entonces **NO** cedes tu voluntad al Espíritu Santo. Otros son el orgullo, el ego, la preocupación, las cargas, los miedos, la timidez, la incredulidad, la falta de perdón. Por eso para entrar en su Presencia necesito Fe, Obediencia, Verdad, Pureza *(Salmo 24:3-5)* solo a través de Jesús con su carne y su sangre es posible *(Hebreos 9:14-17) (Juan 10:9).*

Porque y para que Dios, le pide al pueblo que le adore? Porque nos conduce a encontrarnos con EL para disfrutar de su esplendor, además, a lo que tu adores, te conviertes en eso… (La gente dice: qué difícil es seguir a Jesús… Adorale) En la alabanza y en la adoración puede recibir lo que necesitas, El te imparte todo lo que es El, cuando estás ahí, directamente en su Presencia. Eso sí ni la alabanza ni la adoración cambian a Dios ni la necesita, (sino estuviera limitado) quien necesita alabar a Dios somos nosotros … ¿Por qué?… porque nos cambia, nos transforma, nos prepara para recibir de El… Sanidades, Milagros, Gozo, Paz, Descanso, Seguridad, Liberación, etc., además es un arma de Guerra. *BENDICE A JEHOVA EN TODO TIEMPO Y SU ALABANZA ESTARA DE CONTINUO EN MI BOCA (Salmo 103).*

Solo los muertos no pueden alabar a Dios… Todo lo que Respire… Todo lo que tiene Aliento de Vida… ALABA A DIOS, así que cuando estamos en la iglesia podemos saber quien está vivo y quien está muerto…

Difrencias entre Falsos y Verdaderos Adoradores

Juan 4:23- 24 …el Padre Busca… Verdaderos adoradores…

Los **Falsos** son los fuegos extraños, los que mezclan las cosas, como les paso a los hijos de Aarón *(Levítico 10)* y a los hijos de Elí *(1Samuel 2:12)* entre otros…

• Adora lo incorrecto= el dinero, la posición, a ellos mismos, a sus hijos, a sus trabajos…

• Actitud incorrecta = sigue instrucciones, formalismo, es como que, el corazón no estuvo envuelto, eso es religión, donde no hay un de repente, una espontaneidad no está Dios…

• Hipocresía= dos caras, la adoración separada de una vida de integridad y servicio… *Mateo 15:8 de labios me honran pero su corazón está lejos de mi*

• Una combinación de adoración y critica = adoran y critican todo lo que pasa

• Cambiaron sus propósitos, no empezaron así, pero, le dieron la oportunidad al ego, luego al orgullo, luego se envían así mismo al ministerio y estos son los que, su propia gloria buscan, ósea se desenfocaron pues cambiaron el agradar a Dios por agradarse a sí mismos.

• Manipulación = (el amor y en el interés se fueron al campo un día) adoran a Dios por lo que puedan recibir.

Los Verdaderos

- Actitud correcta = sumisión, que obedece por amor y no por obligación o por conveniencia… que teme, que teme ofenderle, que teme desviarse de su voluntad, lo cual te inclina a conocerle bien para no fallarle…
- Totalidad = que le sirve a Dios con todo su cuerpo (deseos, fuerzas y tiempo) con toda su alma (mente, corazón y voluntad) y con todo su espíritu (intuición, comunión y conciencia)
- Estilo de vida= el verdadero adorador, adora 24/7, todo el tiempo, es constante, es una necesidad!!!

Bueno y para concluir, les quiero animar a que reflexionen en el *capítulo 4 del libro de Juan,* subtitulado *"Jesús y la mujer samaritana".* Todos nacimos con un deseo de adorar, pero cuando no sabemos qué adorar y cómo hacerlo, buscamos desesperadamente donde derramar ese deseo, algunas veces adoramos los hijos, el dinero, el conocimiento, una estatua… Entonces, llega Jesús a nuestras vidas a darle el curso correcto a esa pasión que arde en nuestro corazón y nos muestra al Padre y entonces recibimos la fuente de agua con la vida eterna. Si usted le pide al Espíritu Santo que le ayude a ser un Verdadero Adorador y lo anhela con todo su corazón El lo hará!!! Y su vida cambiará para siempre!!!

Vamos a ADORAR!!!

Informe semanal del Hermano Mayor
al Pastor sobre el comportamiento y
progreso del nuevo creyente.

1. Que te preocupa de tu nuevo hermano menor

2. Que celebras de nuevo hermano menor

3. Alguna otra cosa que consideres mencionar
    sobre la dinámica que se está dando de
    hermano mayor a nacido de nuevo.

Hermano Mayor: _____.

Nacido de Nuevo: _____.

Fecha: _____.

Informe semanal del Nacido de Nuevo
a su Hermano Mayor sobre cómo puso
en práctica el tema discutido.

Tema: _____.

Preguntas guías: ¿Qué paso? ¿Qué hiciste? ¿Qué pensaste? ¿Cómo te sentiste? ¿A qué renunciaste? ¿Qué elegiste? ¿Qué celebraste?

1. Lunes

2. Martes

3. Miércoles

4. Jueves

5. Viernes

6. Sábado

7. Domingo

Hermano Mayor: _____.

Nacido de Nuevo: _____.

Fecha: _____.

"Baby food" para el... Nacido de Nuevo...

4to Tema

La Biblia
(su Misterio, su Poder, sus partes, las promesas, los héroes, la espada, la Importancia de leerla diariamente)
(altamente recomendado, medite en los textos que se le citan)

La palabra Misterio aparece muchas veces en la biblia y es que, como dice Jesús en *(Lucas 8:10)* que el entendimiento de la Palabra es para los creyentes, los nacidos de nuevo, los discípulos, los que estén dispuestos a obedecerles, seguirles y servirles. Jesús busca relación con nosotros a estos les revelará sus misterios. Hay muchos intelectuales que buscan conocer las escrituras solo por conocimiento, estos o se convierten a Jesús o se dan por vencidos en su búsqueda y es que la Palabra es espíritu, fue escrita inspirada por el Espíritu Santo *(1Pedro 1:21) (2Timoteo 3:16)*, tiene vida propia, Dios jamás será burlado *(Gálatas 6:7)* La Biblia no se puede entender con el talento ni la investigación ni con la inteligencia. Puesto que la palabra de Dios es espíritu, sólo quien tiene un espíritu regenerado *(nacido de nuevo Juan 3:1-15)* puede entenderla. Así que hermano regocíjese!!! Los tiempos de no entender la biblia quedaron atrás.

Si yo intentara describir el Poder de la Palabra no tendría fin, pero tratare de traer algo de luz al respecto. En la Biblia dice *"el cielo y la tierra pasaran mas su Palabra no pasara" (Mateo 24:35),* así de fuerte, grande, poderosa, veraz y eterna es la Palabra. Cuando la declaras siendo un nacido de nuevo, sucede como dice en *(Isaías 55:11) así es también la palabra que sale de mi boca: No volverá a mí vacía, sino que hará lo que yo deseo y cumplirá con mis propósitos.* Vences al enemigo a través de ella, como hizo Jesús en el desierto, citándole *"Escrito esta" (Mateo 4:1-11).* También es semilla *(Marcos 4:14),* es medicina *(Proverbios 4:20-22),* es vida *(Juan 6:63),* es leche *(1Pedro 2:2, Hebreos 5:12-14, 1Corintios 3:2-3),* es comida *(Mateo 4:4),* es agua *(Efesios 5:26),* es fuego y martillo *(Jeremías 23:29),* es un tesoro *(Colosenses 2:2-3),* es un testamento *(Hebreos 9:14-17).* Hermano, quiero que le quede claro que tanto como Dios-Padre, Dios-Hijo y Dios-Espiritu Santo son la Palabra, ósea cuando usted lee la Palabra, tanto el Padre como el Hijo y como el Espiritu Santo le está hablando, que Poderoso, verdad!!!

La Biblia está compuesta por 66 libros, 39 en el Antiguo Testamento y 27 en el Nuevo Testamento. Veamos una descripción breve de cada uno de estos...

ANTIGUO TESTAMENTO

Libros Pentateuticos: Los primeros 5 libros del Antiguo Testamento son *Génesis, Éxodo, Levítico, Números y Deuteronomio.* Estos libros forman el Libro de la Ley de los judíos, la Torá, que en hebreo significa ley, revelación, enseñanza o instrucción. La escritura de estos libros se le atribuye a Moisés, hombre que hablaba cara a cara con Dios, *(Éxodo 33:11)* y que guio al pueblo de Dios en el desierto por 40 años. Moisés fue aquel bebe en la canasta que colocaron en el rio Nilo, que la hermana de Faraón encontró y lo crió en el palacio. Tengo que exaltar la Soberanía de nuestro Señor, pues el mismo enemigo, Faraón, educó el libertador elegido por Dios y quien también escribió estos primeros 5 libros. En general estos libros son básicos para el nuevo creyente porque nos revela la normativa y el orden moral que debe tener el pueblo de Dios, también nos revela la intervención sobrenatural de Dios en nuestras vidas, que no caducó en estos libros sino que está vigente hoy día para todo el que tenga hambre y sed de su Presencia.

Libros Históricos

1. **Libro de Josué**: Este libro narra la conquista de la Tierra Prometida y el reparto que Josué efectúa entre las diversas tribus.
2. **Libro de los Jueces:** Narra un período de tiempo en que el pueblo de Israel ha abandonado su vida nómada, también presenta sus derrotas y liberaciones.
3. **Libro de Rut:** El libro narra la historia de un tiempo difícil en Belén, usando un romance judío simbólico.
4. **1 Libro de Samuel:** Este libro cuenta la historia del Profeta Samuel, del rey Saúl y como Dios lo elimina y va poniendo en Gracia a David.

5. **2 Libro de Samuel:** cuenta la historia de Israel bajo el reinado de David, Jehová la establece como nación.

6. **1 Libro de los Reyes:** Este libro cuenta la historia del reinado de Salomón, la división del reino y del Profeta Elías.

7. **2 Libro de los Reyes:** continúa la historia de los reinos, los reyes israelitas hicieron lo malo a los ojos de Dios y son llevados a cautiverio. También relata los milagros del profeta Eliseo.

8. **I Crónicas:** Este libro narra la cronología del tiempo genealógicamente desde los orígenes hasta la muerte de David.

9. **II Crónicas:** acá narra de Salomón y cuenta la historia de cada rey subsiguiente. Estos libros confirman los anteriores.

10. **Libro de Esdras:** trata del retorno del destierro, de la reconstrucción del Templo y de la organización legal del judaísmo.

11. **Libro de Nehemías:** este libro narra la restauración de Jerusalén y las reformas llevadas a cabo por Nehemías.

12. **Libro de Ester:** la gracia el coraje de Ester salvan a la nación.

Libros Sapienciales o Poéticos, se les reconoce así por el estilo usado para la redacción. También se les conoce como Libros de Sabiduría.

1. **Libro de Job**: Éste libro, cuenta la historia de Job, un hombre justo y temeroso de Dios

que es probado duramente para ver si negaba a Dios y se apartaba de él.

2. **Libro de los Salmos**: Este libro contiene salmos y oraciones, mayormente del rey David.

3. **Proverbios**: son las enseñanzas de la filosofía moral y espiritual que enseñan al hombre a ser como los sabios y a vivir en consecuencia.

4. **Eclesiastés**: Es el compendio del razonamiento de Salomón. Tras investigar la vida y ver que todo es vanidad, discurre que lo único importante en la vida es guardar la Palabra de Dios, por la cual seremos juzgados.

5. **El Cantar de los Cantares**: Trata de dos amantes, Salomón y Sulamit, que han sido obligados a separarse. El amor de Cristo simbolizado.

Libros Proféticos, Profetas Mayores

1. **Libro de Isaías:** el profeta del Salvador y su salvación.

2. **Libro de Jeremías:** nos presenta el corazón nuevo bajo el justo gobierno de Dios.

3. **Lamentaciones:** clamor del amor divino despreciado.

4. **Libro de Ezequiel:** trata de los castigos futuros y la restauración de Israel.

5. **Libro de Daniel:** el profeta del plan divino.

Libros Proféticos, Profetas Menores

1. **Libro de Oseas**: expone la rebelión de Israel, pero que recibirá misericordia.
2. **Libro de Joel**: profecía del derramamiento del Espíritu Santo
3. **Libro de Amós**: aviso de destrucción y de restauración.
4. **Libro de Abdías**: la humillación de Jehová para el rebelde.
5. **Libro de Jonás**: el profeta rebelde es obligado a cumplir su misión en Nínive.
6. **Libro de Miqueas**: trae las acusaciones, pero también trae la promesa del Mesías.
7. **Libro de Nahúm**: Nínive vuelve apartarse de Dios y es destruida.
8. **Libro de Habacuc**: Jehová enseña Fe y paciencia.
9. **Libro de Sofonías**: anuncia que Jehová juzgara a las naciones, pero guardara a su pueblo.
10. **Libro de Hageo:** llamado a la unidad y a la santidad para edificar el templo.
11. **Libro de Zacarías**: visiones de justicia, restauración y gloria final.
12. **Libro de Malaquías**: reprende y exhorta al pueblo porque su Mesías vendrá pronto.

NUEVO TESTAMENTO

El nuevo testamento comienza con los 4 Evangelios, redactados por 4 de los discípulos de JESUS, estos narran la vida de Jesús.

1. **Mateo:** énfasis en el Cristo REY prometido a los judíos.

2. **Marcos:** exalta al Cristo-hijo del hombre, al Siervo
3. **Lucas:** Cristo el humano-divino
4. **Juan:** Cristo-Dios, el Eterno Redentor del mundo

Luego le sigue el **libro de los Hechos**, este libro comienza cuando Jesús ascendió al cielo, dejando la promesa del Espíritu Santo. Aquí comienza la iglesia, el Espíritu Santo la edifica y sigue edificándola hoy en nosotros. Se caracteriza por el registro de tantos milagros como de las persecuciones.

Siguen las **cartas paulinas**, escritas por el Apóstol Pablo, dirigidas a las iglesias que se levantaban, veamos de que tratan en términos generales:

1. **Romanos:** de la doctrina del Evangelio de Jesucristo.
2. **1Corintios**: de la instrucciones pastorales para la iglesia.
3. **2Corintios:** va dirigida a los ministros de la iglesia.
4. **Gálatas:** trata de la afirmación por medio de la Fe y la gracia.
5. **Efesios:** de la perspectiva espiritual y de la iglesia como cuerpo de Cristo.
6. **Filipenses:** trata desde la perspectiva evangelio terrenal.
7. **Colosenses:** trata de la comunión con Cristo.
8. **1Tesalonicenses:** de la preparación de la iglesia para el rapto, esperanza de la iglesia.

9. **1Tesalonicenses:** de la preparación de la iglesia para el rapto y te revela sobre el anticristo.

10. **1Timoteo:** sobre instrucciones ministeriales.

11. **2Timoteo:** sobre el desafió a la fortaleza y fidelidad.

12. **Tito:** trata sobre normas para el desarrollo de la iglesia.

13. **Filemón:** la carta trata sobre cómo ser ejemplar.

Cartas Generales, veamos de que tratan:

1. **Hebreos:** sobre la Fe y de la superioridad de Cristo sobre la ley de Moisés.

2. **Santiago:** en términos generales la carta trata de la práctica diaria del Evangelio de Jesucristo.

3. **1Pedro:** de la esperanza y fortaleza ante la persecución y la prueba.

4. **2Pedro:** del crecimiento y fortaleza ante la persecución y la prueba.

5. **1Juan:** del conocimiento del amor de Cristo.

6. **2Juan:** que el amor de Cristo nos inspira amor.

7. **3Juan:** de conservar ese amor.

8. **Judas:** de defender la FE

Y por último la biblia cierra con el libro de **Apocalipsis**, la revelación del juicio, la recompensa y la gloria.

La biblia también nos presenta personas comunes que fueron utilizadas por Dios, para que aprendamos de ellos. En el *capítulo 11 del libro de Hebreos* nos hace un resumen de algunos llamándolos "los héroes de la Fe". Aunque nuestro verdadero héroe es nuestro Salvador el Señor Jesucristo, a este debemos buscar imitar siempre y la biblia es el instrumento que nos dejó para poder hacerlo.

La palabra de Dios también es tu Espada, tu arma de defensa, *(Hebreos 4:12, Efesios 6:17, Nehemías 4:17-18, Salmo 63:10).*

Además, sabías que la biblia contiene más de 3mil promesas esperando que tu las valides a través de la confesión de la Fe en nuestro Salvador el Señor Jesucristo, te lo estoy diciendo la biblia es nuestro testamento, conócelo, para que puedas validar tu herencia!!!

Y por último mira la importancia de leerla diariamente *⁵ Nadie te podrá hacer frente en todos los días de tu vida. Así como estuve con Moisés, estaré contigo. No te dejaré ni te abandonaré.⁶ Sé fuerte y valiente, porque tú darás a este pueblo posesión de la tierra que juré a sus padres que les daría. ⁷ Solamente sé fuerte y muy valiente. Cuídate de cumplir toda la ley que Moisés mi siervo te mandó. No te desvíes de ella ni a la derecha ni a la izquierda, para que tengas éxito dondequiera que vayas.⁸ Este Libro de la Ley no se apartará de tu boca, sino que meditarás en él día y noche, para que pongas en práctica todo lo que en él está escrito. Porque entonces harás prosperar tu camino y tendrás éxito. Josué 1:5-9(NBLH)*

Wow!!! Desde que yo entendí estos versículos quedé presa de la palabra, es que encontré el secreto para que las cosas salgan bien (conocer la Palabra y ponerla en práctica) y a eso es que te animo, es más te reto, pon en práctica todo lo que en la biblia está escrito y ya veraz, TODO PROSPERARA!!!

ASI QUE A LEER SE HA DICHO!!!

Informe semanal del Hermano Mayor
al Pastor sobre el comportamiento y
progreso del nuevo creyente.

1. Que te preocupa de tu nuevo hermano menor

2. Que celebras de nuevo hermano menor

3. Alguna otra cosa que consideres mencionar
    sobre la dinámica que se está dando de
    hermano mayor a nacido de nuevo.

Hermano Mayor: _____.

Nacido de Nuevo: _____.

Fecha: _____.

Informe semanal del Nacido de Nuevo
a su Hermano Mayor sobre cómo puso
en práctica el tema discutido.

Tema: _____.

Preguntas guías: ¿Qué paso? ¿Qué hiciste? ¿Qué pensaste? ¿Cómo te sentiste? ¿A qué renunciaste? ¿Qué elegiste? ¿Qué celebraste?

1. Lunes

2. Martes

3. Miércoles

4. Jueves

5. Viernes

6. Sábado

7. Domingo

Hermano Mayor: _____.

Nacido de Nuevo: _____.

Fecha: _____.

"Baby food" para el... Nacido de Nuevo...

5to Tema

La Paternidad de DIOS
(medite en los textos que se le citan, altamente recomendado)

La Adopción es Sólo Mediante Jesucristo
Gálatas 4:1-7 (NBLH)

* *Digo, pues: mientras el heredero es menor de edad, en nada es diferente del siervo, aunque sea el dueño* (señor) *de todo,*
* *² sino que está bajo guardianes y tutores hasta la edad señalada por el padre.*
* *³ Así también nosotros, mientras éramos niños, estábamos sujetos a servidumbre bajo las cosas elementales del mundo.*
* *⁴ Pero cuando vino la plenitud* [énfasis añadido, cuando aprendas y/o decidas actuar como hijo] (el cumplimiento) *del tiempo Dios envió a Su Hijo, nacido de mujer, nacido bajo la Ley,*
* *⁵ a fin de que redimiera a los que estaban bajo la Ley, para que recibiéramos la adopción de hijos.*
* *⁶ Y porque ustedes son hijos, Dios ha enviado el Espíritu de Su Hijo a nuestros corazones, clamando: "¡Abba! ¡Padre!"*
* *⁷ Por tanto, ya no eres siervo, sino hijo; y si hijo, también heredero por medio de Dios.*

[énfasis añadido, el Espíritu de Hijo, lo recibimos con la Salvación, pero el Espíritu Santo lo manifestará, lo revelará, le quitará el velo cuando decidamos y/o aprendamos a ser hijo]

Vamos a definir unos conceptos para comprender este misterio de la paternidad:

- **"ABBA"** – esta palabra es hebrea y significa "papito", expresa una relación muy cercana con el padre, quien es un iniciador, la vida comienza con el espermatozoide del padre, simbolismo del Autor, Creador, Fundador, la Fuente que es nuestro Papá-Dios, Abba o Padre es una palabra que envuelve muchos significados como por ejemplo: es un progenitor, es un cultivador, es un estabilizador, es un generador, es un transmisor, es un patriarca, es un defensor, es el que protege, es quien nutre, es el que lleva la carga, es un proveedor, un sustentador, es quien endosa, es un animador, es un gobernador, es un líder, un maestro, un mentor, un modelo.
- **Revelación** – es un misterio escondido en el corazón de Dios, el cual se revelará a nuestro espíritu por medio de su Espíritu Santo cuando cumplamos cierta plenitud y/o condiciones.
- **Revelar** – es una palabra compuesta por el prefijo "re" (que denota hacia atrás, repetición y/o de nuevo) y velo que denota tela, cortina. La acción que nos indica

esta palabra es quitar el velo y se refiere a proporcionar una información de algo que estaba ignorado o secreto. Un dato muy importante, simbólico y de enseñanza para nosotros hacer hoy día por medio de la declaración es, el hecho de que el velo fue quitado del templo, cuando Jesucristo clavó los pecados en la cruz.

La necesidad más grande de la raza humana, después de la salvación, es la de un padre. Entonces, Dios es nuestro ABBA, recibimos el espíritu de su hijo, Dios nos quiere dar de su amor pero no lo recibimos porque no sabemos estar en una posición de hijo y no sabemos ser hijo porque la relación padre e hijos que nos ha modelado esta actualidad ni se asemeja a la relación verdadera como nos presenta la biblia en los evangelios de Jesús y el Padre.

Jesús y el Padre eran uno, la comida de Jesús era hacer la voluntad del Padre, el concepto de intimidad, reverencia, respeto y honra Jesús lo tenía bien claro. Entonces, ¿Qué debemos hacer nosotros para aprender a estar en una posición de hijo y poder recibir esa revelación de la paternidad de Dios y poder disfrutar de ese AMOR a plenitud? Leer los evangelios y poner en práctica todo lo que hacia Jesús y por medio de la Fe, creer, desear, anhelar recibir esa paternidad.

Cuando tenemos la revelación de que Dios verdadcramente es nuestro Padre, nuestro papito, de que nosotros somos sus hijos y de que el nos AMA de una manera Gigantesca, obtenemos un convencimiento sobrenatural, una certeza de que ya no somos del montón, sino que somos especiales, *Romanos 8:16.* Entendemos que no comenzamos en cero, sino que en Dios tenemos una base de donde sale todo lo que necesitamos.

Efectos que produce la revelación del Padre en nuestras vidas:

- Se aclara, se afirma nuestra verdadera **Identidad** y comenzamos a comportarnos como príncipes y princesas porque verdaderamente somos y nos sentimos hijos del Rey.
- Esta identidad nos hacer sentir y actuar como Dios-Padre, por ende de repente comienza a morir en nuestro interior los deseos de competencia; ya no envidiamos el éxito de otro, porque recibimos seguridad.
- El deseo de aprobación por los demás desaparece, ni nos importa si los hombres nos toman en cuenta o no, pues claro, si tenemos la certeza que el mas Superior de todos (Dios) si, nos toman en cuenta y nos valida, ósea recibimos, sentimos el valor que nos da.
- Comenzamos a orar como hijos no como peticionarios ni mendigos, disfrutamos nuestro tiempo de oración intima con El, el Padre.

- Nuestra adoración se torna real, espontanea y nos da una satisfacción en todo nuestro ser.
- Nos congregamos, el que no se congrega está diciendo que es un hijo independiente, *Hebreos 10: 24-25*
- Se deja disciplinar por el Padre, porque sabe que es hijo y no bastardo. *Hebreos 12: 5-8*
- Nuestra Fe se expande, oímos a nuestro Padre y actuamos en lo que oímos, sin lugar a duda.
- Sentimos ese nutrir del Amor sobrenatural del Consolador, *Juan 14:16.*
- Nuestra actitud frente al hombre, frente al diablo y frente al mundo cambia por completo. Entienden muy bien que la amistad con el mundo es enemistad hacia Dios, *Santiago 4:4*

Vamos Sométete a la Palabra y CLAMA..."¡Abba! ¡Padre!" Manifiéstate... Y Disfruta la Paternidad de Dios!!!

Informe semanal del Hermano Mayor
al Pastor sobre el comportamiento y
progreso del nuevo creyente.

1. Que te preocupa de tu nuevo hermano menor

2. Que celebras de nuevo hermano menor

3. Alguna otra cosa que consideres mencionar sobre la dinámica que se está dando de hermano mayor a nacido de nuevo.

Hermano Mayor: _____.

Nacido de Nuevo: _____.

Fecha: _____.

Informe semanal del Nacido de Nuevo
a su Hermano Mayor sobre cómo puso
en práctica el tema discutido.

Tema: _____   _____.

Preguntas guías: ¿Qué paso? ¿Qué hiciste? ¿Qué pensaste? ¿Cómo te sentiste? ¿A qué renunciaste? ¿Qué elegiste? ¿Qué celebraste?

1. Lunes

2. Martes

3. Miércoles

4. Jueves

5. Viernes

6. Sábado

7. Domingo

Hermano Mayor: _____.

Nacido de Nuevo: _____.

Fecha: _____.

"Baby food" para el... Nacido de Nuevo...

6to Tema

La LENGUA, ¿podrás gobernarla?
(altamente recomendado, medite en los textos que se le citan)

Veamos que dice Santiago sobre esto... *Santiago 3:1-11 El Poder de la Lengua* ⁴ *Miren también las naves; aunque son tan grandes e impulsadas por fuertes vientos, son, sin embargo, dirigidas mediante un timón muy pequeño por donde la voluntad del piloto quiere.* ⁵ *Así también la lengua es un miembro pequeño, y sin embargo, se jacta de grandes cosas. ¡Pues qué gran bosque se incendia con tan pequeño fuego!* ⁶ *También la lengua es un fuego, un mundo de maldad. La lengua está puesta entre nuestros miembros, la cual contamina todo el cuerpo, es encendida por el infierno e inflama el curso de nuestra vida.* ⁷⋯ ⁸ *pero ningún hombre puede domar la lengua. Es un mal turbulento y lleno de veneno mortal.*⁹⋯ ¹⁰ *De la misma boca proceden bendición y maldición. Hermanos míos, esto no debe ser así.*¹¹ *¿Acaso una fuente echa agua dulce y amarga por la misma abertura?*

Así es hermanos, la lengua hay que dominarla, hay que guiarla, hay que alinearla para que hable y dirija tu vida al estilo de tu nueva vida, nueva ciudadanía, nuevo lenguaje, también. El problema está en que llevamos un cierto tiempo de existencia hablando sin ningún tipo de control, sin ningún tipo de límites y sin ningún tipo de entendimiento en lo que a la importancia que tiene lo que decimos, es mas ni cuenta nos damos de las facetas venenosas que tiene nuestra lengua, son estilos normales de la sociedad, eso decimos. Pues no, ya no, ahora eres ciudadano del Cielo e hijo del Rey, Santo y tienes su ADN y según tus nuevos genes debes actuar o estarás sin darte cuenta abortando la adopción.

En mi experiencia, como ya les he dicho, yo no conocía nada de la biblia, asi que fue bien impactante para mi cuando me topé con un libro que contenía 365 promesas de la biblia, yo dije queee... el Gran Rey me hace promesas y me dispuse aprender de memoria al menos 3 versículos a la semana. Además, como encontré que mi deleite era estar en la Presencia de Dios pues ya no escuchaba música ni veía televisión que tuviera contenidos denigrantes, ni chismosos, ni sexuales. En cambio, mi deseo era buscar leer, escuchar y ver todo lo que me hablara de Dios. Fue impresionante como todo eso a lo que yo exponía mis sentidos fue cambiando mi manera de analizar y ver las cosas y todo lo que aprendía lo podía aplicar a circunstancias del momento. En vez de salir con respuestas altaneras, contenciosas y quejosas salía palabra de Dios de mi boca, wow!!! Así que no es tanto que podamos gobernar la lengua sino que la parte clave aquí es como te nutres será lo que saldrá de tu boca, claro, esto es parte hay otros aspectos complementarios en esta ardua pero vital misión en nuestra nueva cuidadania que explico en detalle en los temas que siguen.

Entonces vamos a retarte un poquito mas, analizemos este versículo, *Manzanas de oro y figuras de platas son las palabras dicha como conviene,* **Proverbios 25:11,** uff, a mi personalmente me estacionó, ya que me di cuenta que no bastaba con que de mi boca saliera palabra y perspectiva de Dios, sino que tenía que ser sazonada con Amor para que no fueran como dice en *1Corintios 13:1 un cimbalo que retiñe.* Amor, pero no amor nivel humano, sino con amor, fruto de la virtud del Espiritu Santo y de este también le hablo en un tema mas adelante, sólo quiero que vayan dándose cuenta que hay velos que hay que correr para poder ver la verdad.

También leí el libro "Controla tu lengua en 30 días" de Deborah Smith Pegues, está genial, al final del libro te da un tipo de examen para revisar tu progreso diario en esta retante tarea de gobernar tu lengua, siii…, porque ser ciudadano del Reino de Dios implica utilizar la nueva lengua, de veras no puedo de dejar de recomendarlo. Ella te presenta 30 facetas venenosas de la lengua desde una perspectiva tan sútil que es inevitable la confrontación, lenguas como:

- **La lengua manipuladora** – esta se vale de formas engañosas e intenta quitarle a una persona la libre voluntad de elegir para su beneficio personal. Los hijos de Dios no deben practicar esta conducta pues se supone que tengan bien claro que el beneficio para sus vidas viene a la forma de Dios.

- **La lengua que divide** – esta con sus palabras entorpece la paz o siembra discordia, revísese, que Dios detesta esto *Proverbios 6: 16-19*
- **La lengua contenciosa-** esta disfruta resistir de manera directa cualquier punto, es una forma de añadirse valor propio, *Proverbios 20:3 Honra es del hombre evitar las discusiones, pero cualquier necio se enredará en ellas.*
- **La lengua acusadora-** el acusador es Satanás, siempre que fluya en esta práctica tenga en cuenta que lo imita.
- **La lengua desalentadora-** no sea un rompe sueños ni ridiculice a nadie porque mejor no se esfuerza en animar, apoyar e inspirar.
- **La lengua desconfiada** – desconfíe de la duda, es mejor creer, *para el que cree, todo es posible. Marcos 9:23*

Uff, y chequeen este versículo, *Salmo 12:3 Corte el Señor todo labio lisonjero, la lengua que habla con exageración.* Exagerar puede parecer inofensivo pero es otra forma de mentir, distorsiona la verdad. La adulación y/o la lisonja es cuando con palabras de elogio quieren obtener un beneficio, favor, aceptación hasta por supervivencia, pues estas personas tienden a tener poco valor propio y cree que a los demás les gustará que los elogie. Lisonjear es una clara evidencia de falta de Fe e identidad de hijo y esto a su vez te saca de la posición para recibir de ABBA.

Ok, una vez desenmascaradas algunas lenguas toxicas, nos toca hacerles frente y echarlas, fuera. Sabiendo que haciendo así, comenzaras a fluir en tu nuevo lenguaje, el lenguaje de FE. Que hablando tu nuevo lenguaje podrás entenderte con tu nuevos colegas ciudadanos, tus nuevos líderes, con tu nuevo gobierno logrando acceder a toda tu herencia!!!

Vamos, a aprender el nuevo lenguaje, YA!!!

Informe semanal del Hermano Mayor
al Pastor sobre el comportamiento y
progreso del nuevo creyente.

1. Que te preocupa de tu nuevo hermano menor

2. Que celebras de nuevo hermano menor

3. Alguna otra cosa que consideres mencionar
   sobre la dinámica que se está dando de
   hermano mayor a nacido de nuevo.

Hermano Mayor: _____.

Nacido de Nuevo: _____.

Fecha: _____.

Informe semanal del Nacido de Nuevo
a su Hermano Mayor sobre cómo puso
en práctica el tema discutido.

Tema: _____.

Preguntas guías: ¿Qué paso? ¿Qué hiciste? ¿Qué pensaste? ¿Cómo te sentiste? ¿A qué renunciaste? ¿Qué elegiste? ¿Qué celebraste?

1. Lunes

2. Martes

3. Miércoles

4. Jueves

5. Viernes

6. Sábado

7. Domingo

Hermano Mayor: _____.

Nacido de Nuevo: _____.

Fecha: _____.

"Baby food" para el... Nacido de Nuevo...

7mo Temu

La Mente, Base de Operación en la Guerra

(altamente recomendado, medite en los textos que se le citan)

A solo 7 semanas de haberme reconciliado con el Señor, el velo de la dimensión espiritual de mis ojos fue rasgado, cuando leí el libro de Joyce Meyer "El campo de Batalla de la Mente". No conocía nada del evangelio, de la biblia, no entendía nada, así que este libro me cautivó cuando comencé a descubrir escrituras con tan poderosas revelaciones.

La primera escritura que provocó un terremoto en los cimientos de mi mente fue esta: *2Corintios 10:4-5 porque las armas de nuestra milicia no son carnales, sino poderosas en Dios para la destrucción de **fortalezas**, derribando argumentos y toda altivez que se levanta contra el conocimiento de Dios, y llevando cautivo todo pensamiento a la obediencia a Cristo,* ok, pues aquí la revelación que recibí de este texto:

- *porque las armas de nuestra milicia no son carnales* = ósea que si hay una guerra porque aquí dice *"nuestra milicia"* pero que *nuestras armas no son carnales*, ósea que si tenemos armas pero no están en la carne y ¿Dónde están?

¿no se ven? y esto me conecta a otras 2 escrituras *Hebreos 11:1 Fe es la certeza de lo que se espera la convicción de lo que no se ve* y *Gálatas 5: 19-21 las obras de la carne.*

- Fortalezas = es una muralla que el enemigo levanta en tu mente, mentira tras mentira que tu aceptas como una verdad, cada mentira representa ladrillo tras ladrillo, luego que el enemigo a construido su fortaleza entra a tu mente y te controla desde ahí, porque las mentiras que tu le has creído son las que lo protegen y le dan derecho legal para permanecer ahí.

- Pero aquí dice que el poder para destruir esa fortaleza por donde el enemigo te controla y que se construyó situación tras situación por lo que has vivido solo Dios puede destruirla cuando tú decides arrestar el pensamiento y llevarlo a la obediencia a CRISTO, renunciando actuar según las obras de la carne y sometiendo a tu carne a fluir en la virtudes del fruto del Espíritu, *Gálatas 5:22-25.*

Queda muy claro que tenemos que conocer la Palabra de Dios lo suficientemente bien como para ser capaces de comparar lo que tenemos en la mente con lo que Dios tiene en su mente para que cualquier pensamiento que intente distorsionar la realidad de las Escrituras para con nuestras vidas poder aplastarlo y traerlo cautivo, preso a Jesucristo.

La otra escritura que voló mi mente en esta guerra espiritual fue esta: *Romanos 12:2* *²No os conforméis a este siglo, sino transformaos por medio de la renovación de vuestro entendimiento, para que comprobéis cuál sea la buena voluntad de Dios, agradable y perfecta.* Y es que entendí que nuestra mente no nace de nuevo con el Nuevo Nacimiento, sino que hay que renovarla según vamos aprendiendo la voluntad de Dios para con nosotros que está escrita en la Palabra, no conformándome a lo que pasa a mi alrededor o lo que dicte este mundo como norma o normal, sino que es poniéndome la mente de Cristo *1Corintios 2:16.*

Entonces esto fue un Wow en mi vida, yo no sabía que podía hacer algo respecto a mi modo de pensar, este conocimiento me invistió de poder, pero no fue así de rápidamente, pues primero me dio miedo de mi misma, me di cuenta que yo misma me impedía conocer la buena voluntad de Dios para mí. Cuando comencé a analizar lo errada que estaban las estructuras de mis pensamientos, cuando la Palabra me confrontaba, entendí, que todo lo que yo había aprendido por 34 años de vida que tenía en aquel momento, no me servía para esta nueva vida, así que comencé a arrepentirme de todas mis maneras de pensar que poco a poco iba entendiendo que eran contrarias a la palabra de DIOS. El entendimiento iba llegando a mi vida porque no dejaba de congregarme, escuchaba radio cristiana, televisor cristiana, oraba, leía la Palabra y todo lo que aprendía lo ponía en práctica de inmediato, tenía hambre y sed de El. Definitivamente, la Palabra estaba tomando vida en mi, el proceso de santificación estaba tomando realidad en mi, *Romanos 6:22.*

Y que tú me dices cuando descubrí quien era mi verdadero enemigo: *Efesios 6:12 Porque nuestra lucha* **no es contra seres humanos,** *sino contra poderes, contra autoridades, contra potestades que dominan este mundo de tinieblas, contra fuerzas espirituales malignas en las regiones celestiales.* Que queeee... ósea de que 34 años perdiendo mi tiempo yo, peleando con la gente y mi verdadero enemigo riéndose, burlándose de mi ignorancia, mira satanás, se te acabó el reinadito, desde ahora en adelante, redirijo mi cañones de guerra y me pongo el lente espiritual y me dedicaré a enfocarte a donde quiera que te encuentres y no tendré piedad de ti, la bomba de Hiroshima se quedará corta, a las municiones que el TODOPODEROSO pondrá a mi disposición para aplastarte, así mismito fue que le declaré la guerra. En serio, cada uno de estos versículos me llevaban a experimentar una liberación inexplicable y al mismo tiempo me investía de poder y autoridad, aunque no sabía cómo se manejaban.

En la guerra espiritual, las profundidades de entendimiento, estoy segura que no tienen fin. Mi entendimiento es una pizca a lo que este gran misterio encierra pero mi necesidad es darte lo que por gracia he recibido. Así que aquí te describo brevemente algunas disciplinas que aprendí y practique en el camino (y que sigo practicando, pues *el que comenzó la obra la perfeccionara hasta el final. Filipenses 1:6*) y que fueron gloriosamente efectiva, déjame decirte esto, que es poderosísimo, la transformación es continua, no para, porque es vida, hay vida en la transformación pero así mismo es el otro extremo, cuando se detiene la transformación comienza la muerte, bueno aquí te explico:

- Recibir y **NO** Recibir – según como practicaba el arrancar las estructuras erradas en mi forma de pensar, también me daba cuenta como era bombardeada por personas y por los medios de comunicación para pensar y luego a actuar contrario a la mente de Cristo y simplemente tomaba control de mis pensamientos y declaraba "no lo recibo" y si eran bendiciones declaraba "SI!!! LO RECIBO"

- La Armadura, *Efesios 6:10-20* – ponerse verdaderamente, fluir y saber manejar cada pieza de la armadura es un proceso por separado, pero es vital someterse al entrenamiento, si te metes al campo de batalla sin la armadura, serás como un suicida. El gigante de la duda – persevera, persevera y persevera y 3 veces más en quien haz creído, la duda no viene de Dios, así que arréstela y llévala presa a los pies de la cruz, crucifícala allí, no razone solo cree que Dios te Ama y está obrando a tu favor.

- Los recuerdos q hay q vencer – perdonando, esta es la clave y llevando los pensamientos cautivos a la obediencia en Cristo, para hablar sobre el perdón lo puso én un tema aparte que se encuentra más adelante.

- El peligro del yo – *ya no vivo yo, mas Cristo vive en mi, Gálatas 2:20* cuando aprendí a cambiar mis razones, mis deseos, mi tiempo, mi supuesta justicia por las de Dios, entonces vi las montañas moverse, porque ya no soy yo actuando sino Cristo a través de mi.

- Y este versículo es fundamental *Filipenses 4:8 Por último, hermanos, piensen en todo lo verdadero, en todo lo que es digno de respeto, en todo lo recto, en todo lo puro, en todo lo agradable, en todo lo que tiene buena fama. Piensen en toda clase de virtudes, en todo lo que merece alabanza, en esto pensad.* Cuando yo entendí el misterio poderoso que encierra este versículo, humm!!! Liberación mas y mas para mí. Es que este es el ingrediente que cuaja el bizcocho, llevar tus pensamientos a la cruz es una parte de la renovación, pero entonces tu mente se queda vacía y el enemigo va a querer llenarla de pudrición, así que haciendo como dice este versículo te llenaras de inocencia que es igual que PODER.

Y por último sabemos que las batallas requieren mucha fuerza, valentía y perseverancia, en el camino puede que se agote y que se acoja a un estado de pasividad, pero esta revelación que yo recibí le será como un "energy drink". Cuando yo me enteré que el viaje de Egipto a la Tierra

Prometida era de 11 días pero que a Israel le demoró 40 años llegar *(Deuteronomio1:2)*, por estar dando vueltas en el desierto y saben ¿Por qué? Porque tenían "mentalidad desértica", Joyce Meyer lo describe muy bien en su libro, de veras lo recomiendo, pero, pues, las mentalidades desérticas son algo como así: "que alguien lo haga por mí, no quiero asumir responsabilidad", "por favor que sea fácil, no soporto hacer cosas difíciles", "solo se quejarme y encontrar faltas en los demás, así me criaron", "no me hagan esperar, yo me lo merezco todo", "no merezco nada, no soy digno, doy lastima", "lo hago a mi manera o no lo hago"... Hummm yo digo, no, yo no voy a estar 40 años en el desierto cuando son solo 11 días, yo me paro firme y me someto al entrenamiento. Mire amado lector, no somos transformados porque alguien te ponga manos ni tan siquiera somos transformados cuando nos convertimos, aquí somos libres de las ataduras, pero tu transformación depende de cómo tú te enfoques en renovar tu vida de pensamientos. Así que si quiere cambios y recibir su Tierra Prometida enfóquese en renovar su vida de pensamiento.

Informe semanal del Hermano Mayor
al Pastor sobre el comportamiento y
progreso del nuevo creyente.

1. Que te preocupa de tu nuevo hermano menor

2. Que celebras de nuevo hermano menor

3. Alguna otra cosa que consideres mencionar sobre la dinámica que se está dando de hermano mayor a nacido de nuevo.

Hermano Mayor: _____.

Nacido de Nuevo: _____.

Fecha: _____.

Informe semanal del Nacido de Nuevo
a su Hermano Mayor sobre cómo puso
en práctica el tema discutido.

Tema: _____.

Preguntas guías: ¿Qué paso? ¿Qué hiciste? ¿Qué pensaste? ¿Cómo te sentiste? ¿A qué renunciaste? ¿Qué elegiste? ¿Qué celebraste?

1. Lunes

2. Martes

3. Miércoles

4. Jueves

5. Viernes

6. Sábado

7. Domingo

Hermano Mayor: _____.

Nacido de Nuevo: _____.

Fecha: _____.

8vo Tema

El Espíritu Santo

(altamente recomendado, medite en los textos que se le citan)

Es muy difícil explicar quién es, como es y como está con nosotros el Espíritu Santo porque es una experiencia propia que se revela a nuestro espíritu, pero trataré de darles de mi experiencia. Eso sí, mucho mito hay sobre el Espíritu Santo, que lo que provoca es miedo, confusión y en ocasiones hasta se burlan, que si te tumba para el piso, que si corre, que si danza, que si ríes, que si llora, eso no lo hace el Espíritu Santo, eso es tu reacción a tan Poderosa Presencia. Entonces la gente cree que en esos momentos en que esta el Espíritu Santo, pero esos, no solo son los momentos que EL está con nosotros, el Espíritu Santo está con nosotros 24/7 (24 horas y los 7dias) ósea todo el tiempo.

Eso sí, hay ocasiones en que un sentimiento extraño te sobrecoge, pero no es que te domina, en realidad, se puede decir "no, yo no deseo esto" y la experiencia se va ó para tu bien decides fluir en ella. Ilustración: recuerdo la primera vez que fui bautizada con las lenguas, sentí un torbellino en mi vientre, con mucha fuerza, que subió hasta mi garganta, la lengua se me enredó, y tuve tanto miedo que dije "no, yo no deseo esto" y la experiencia cesó.

Entonces tu me preguntaras si El está con nosotros 24/7¿Porque solamente se siente y/o reaccionamos a veces a su Presencia? Porque la mayoría de las veces EL se deja sentir en un ambiente, en una atmósfera donde El es exaltado, donde hay arrepentimiento, rendición y sumisión a Él, aunque esto no lo limita. También El responde a las oraciones de los santos conforme a su voluntad y aunque el ambiente sea de tinieblas el va a salvar a sus elegidos, como dice en el *Salmo 40: 2 me sacó del hoyo de la desesperación, me rescató del lago pantanoso...*

Mira cuán importante es El, el Espíritu Santo es la persona de DIOS que está con nosotros, DIOS-PADRE y DIOS-HIJO están en el trono, pero Él, el DIOS-ESPÍRITU SANTO está aquí en Tierra y nos conecta al Dios-Padre y al Dios-Hijo. Él es el poder de Dios manifestado, solo a través de Él es que puedes ser transformado. En los capítulos anteriores te hablé sobre la lengua, si se podría gobernar, también de las fortalezas que el enemigo construye en tu mente y como te gobierna protegido por estas, pues te digo que el Espíritu Santo es el que hace el trabajo, es el que manifiesta el poder para gobernar tu lengua y derribar la fortaleza junto al único poder que tenemos, el poder de la decisión propia. Mira es que la sangre de Jesucristo es como el poder legal escrito, pero el Espíritu Santo es el que ejecuta ese poder.

Es un poder que aunque te redarguye de pecado también te limpia de adentro hacia afuera. Muchas veces duele y mucho, en ese momento es que te das cuenta todo lo que has hecho que ha ofendido su santidad, su pureza, pero si al momento también te arrepientes experimentaras una limpieza, muchas veces a través de llanto profundos y extensos, pero el comenzar a tener esos respiros de pureza, de adentro hacia afuera, si vale la pena el dolor primero. Pues lo que realmente está sucediendo es que se está removiendo el dolor que se acumula en el alma a causa de vivir contrario a lo establecido por Dios para ser reemplazado por su Amor, por su pureza, *Hebreos 9:14 el Espíritu nos limpiará las conciencias...*

Es un compañero 24/7, si lo afirmas, le das lugar, le das importancia ósea la Prioridad en tu vida ÉL se te revelará es que wow ¿Que no es algo glorioso? El Dios Omnipotente está a tu lado 24/7 y quiere que lo conozcas, ÉL quiere establecer una relación poderosa contigo, Él quiere que sepas que le gusta y que no, lo que le alegra y lo que no, si, porque Él se entristece, *[y no contristéis al Espíritu Santo...Efesios 4:30]* es como un niño, si lo lastimas se aleja pero si lo afirmas se acerca, porque él es alguien no algo, Él tiene personalidad. Él es bondadoso, sensible y Todopoderoso. Es como si tuvieras un súper héroe contigo 24/7 dispuesto a ayudarte a realizar todo lo que te conviene, de hecho, es así. Ya ves, esto es mucho más que ser Salvado, ser bautizado y ser llenado de su poder, que es glorioso, pero es más, mucho más, el Espíritu Santo quiere ser tu amigo, tu confidente y guiarte hacia el destino glorioso que Dios-Padre ha preparado para ti.

Pero esta relación no surge de la noche a la mañana, hay que trabajarla es como un matrimonio, primero se encuentran, se comienzan a conocer en la etapa de noviazgo, luego comienzan los preparativos para el matrimonio y las muchas decisiones que este paso conlleva, finalmente te casas, hay una unión, una rendición total, ahora el esposo le pertenece a la esposa y viceversa, esto es rendición total. Entonces comienzas a disfrutar de la intimidad.

Para que la relación con el Espíritu Santo llegue a un nivel palpable, intimo, lo que la antecede, es una suma de decisiones personales que te llevan a colocarlo en el primer lugar de tu vida, estas decisiones son basadas en obedecer su Palabra, agarrada de la FÉ, que a su vez, estas, te llevaran a una rendición y sumisión total que te llevaran a disfrutar de una llenura de su amor y de su poder jamás experimentada, si porque una vez que disfrutes de una la próxima será mejor, son experiencias que van en aumento. Estarás tan cerca de Él que de veras lo sentirás respondiendo a lo que has dicho.

Pero como en el matrimonio si dejas de relacionarte, de decirle cosas bonitas, comienzas a negarle cosas (áreas de tu vida) comienza la desunión porque haz comenzando a levantar barreras. Es más si descuidas la comunicación solo un día, la próxima vez será un poco más difícil encontrarle. La rendición tiene que ser continua e interminable pero en una actitud de sumisión. Cuando llegas a este nivel de rendición con sumisión experimentaras *la Paz que sobrepasa todo entendimiento, Filipenses 4:7*, rendirse a El es paz!!!

Y que tú me dices, en cuanto al Amor, es asombroso, con lo terca, lo altiva y prepotente que yo era y ver cómo me tratan de coger de boba, como me quieren manipular y hasta como desprecian y me hacen sentir mal, y cuál es mi reacción, muy pocas veces me lanzo a reaccionar de inmediato y lo daño, si porque no soy perfecta, pero si solo digo "Espíritu Santo ayúdame" instantáneamente viene el texto bíblico a mi mente *"el amor cubrirá multitud de faltas"* entonces yo le digo "sí, Señor Espíritu Santo, dame una avalancha de tu Amor" y al instante lo recibo, es Glorioso, como fluye su amor a través de mi y puedo enfrentar la situación desde su perspectiva y por supuesto salir airosa!!! *Romanos 5:5* Y esta esperanza no nos defrauda, porque Dios ha derramado su amor en nuestro corazón por el Espíritu Santo que nos ha dado.

Vamo...!!! Te animo, habla con el Espíritu Santo 24/7, no importa que parezcas loco/a, si lo que en realidad estás haciendo es edificando una relación de Poder!!! Mira lo que dice las escrituras en *1Corintios 1:18 El mensaje de la cruz es ciertamente una locura para los que se pierden, pero para los que se salvan, es decir, para nosotros, es poder de Dios.*

Algunas Porciones Bíblicas que nos revelan, que nos muestran como es el Espíritu Santo

(altamente recomendado, medite en los textos completos, aquí sólo le cito frases)

- ♥ *Ezequiel 36:26-27 el desea hacer que de lo profundo de tu corazón andes en sus estatutos. El desea hacer fácil el guardar sus leyes.*
- ♥ *Zacarías 4:6 no es con espada es con su Santo Espíritu*
- ♥ *Mateo 4:1 el Espíritu Santo te lleva*
- ♥ *Lucas 12: 10 al que blasfeme contra el Espíritu Santo, no le será perdonado*
- ♥ *Juan 7:38-39 el Espíritu Santo lo recibe el que cree en Jesús*
- ♥ *Juan 15:26 conviene que yo me valla, dijo Jesús, para que venga el Espíritu Santo*
- ♥ *Efesios 1: 13-14 sellado con el Espíritu Santo*
- ♥ *Efesios 4:30 no contristes al Espíritu Santo*
- ♥ *Efesios 5:18 no os embraguéis con vino, en el cual hay disolución; antes bien sed lleno del Espíritu.*
- ♥ *1Corintios 2: 10- 13 el Espíritu nos enseña todas las cosas*
- ♥ *1 Corintios 3:16 Espíritu habita en nosotros*
- ♥ *1Corintios 12 Los Dones del Espíritu Santo*
- ♥ *Gálatas 3:3 cuidado con esto…*
- ♥ *Gálatas 5: 22-23 virtudes del fruto del Espíritu Santo*
- ♥ *Romanos 8: 26-27 el Espíritu intercede por nosotros*
- ♥ *Romanos 8: 13-14 porque los que son guiados por el Espíritu de DIOS, estos son hijos de DIOS*

- ♥ *Hechos 2:4 llenos del Espíritu Santo y comenzaron a hablar en lenguas*

- ♥ *Hechos5: 32 ... el Espíritu Santo, el cual ha dado DIOS a los que le obedecen*

- ♥ *Hechos 7:51 duros de cerviz resistiendo siempre al Espíritu Santo Ni aun haciendo algo podrás desarrollar una intimidad con el Espíritu Santo es solo RINDIENDOTE... porque no son tus fuerzas sino la Suya*

- ♥ *Hechos 19:1-6 el bautismo de arrepentimiento y el bautismo del Espíritu Santo en lenguas*

- ♥ *Hechos 20:22 cuando cedes tus derechos a Jesús, ósea ya no es tu voluntad sino la de DIOS, el Espíritu Santo te permite o no te permite, no es cuestión de si es bueno o es malo lo vas que hacer, es que solo el Espíritu Santo sabe lo que te conviene.*

- ♥ *Isaías 32: 15-16 Y esto es lo que pasará cuando dejemos al Espíritu Santo trabajar en nosotros*

Informe semanal del Hermano Mayor
al Pastor sobre el comportamiento y
progreso del nuevo creyente.

1. Que te preocupa de tu nuevo hermano menor

2. Que celebras de nuevo hermano menor

3. Alguna otra cosa que consideres mencionar sobre la dinámica que se está dando de hermano mayor a nacido de nuevo.

Hermano Mayor: _____.

Nacido de Nuevo: _____.

Fecha: _____.

Informe semanal del Nacido de Nuevo
a su Hermano Mayor sobre cómo puso
en práctica el tema discutido.

Tema: _____.

Preguntas guías: ¿Qué paso? ¿Qué hiciste? ¿Qué pensaste? ¿Cómo te sentiste? ¿A qué renunciaste? ¿Qué elegiste? ¿Qué celebraste?

1. Lunes

2. Martes

3. Miércoles

4. Jueves

5. Viernes

6. Sábado

7. Domingo

Hermano Mayor: _____.

Nacido de Nuevo: _____.

Fecha: _____.

"Baby food" para el... Nacido de Nuevo...

9no Tema

Las Virtudes del Fruto del Espíritu Santo
(altamente recomendado, medite en los textos que se le citan)

Gálatas 5:22-24 Mas el fruto del Espíritu es amor, gozo, paz, paciencia, benignidad, bondad, fe, mansedumbre, templanza; contra tales cosas no hay ley, porque las que son de Cristo han crucificado las pasiones y los deseos de su carne.

Sea tu fruto bueno o sea malo aflora cuando somos puestos bajo presión. *Mateo 3:8 produzcan frutos dignos de Arrepentimiento.* Vamos a enumerar cada virtud para analizarla, además las divido en tres subgrupo con el fin de que visualices con quien se usa esa virtud directamente...

Virtudes del fruto del Espíritu para con DIOS

1. **AMOR-** Este es como la virtud base si usted logra desarrollar y andar en esta virtud, le será fácil desarrollar y andar en los demás. Hay 4 categorías:
a. Amor entre amigos- este está basado en intercambio.
b. Amor entre familiares- este está basado en la obligación.

c. Amor entre pareja- este está basado en la intimidad.

d. Amor de Dios- este es el amor abnegado que tiene la capacidad de dar y mantenerse dando, sin esperar nada a cambio, es incondicional y desinteresado.

El amor es el acto por elección voluntaria de poner o entregar la vida en sacrificio por otro. Es estar dispuesto a morir por otro o gastarse lo propio en otro sin reserva alguna. Aunque amar es una elección, ya no es una alternativa, pues amar es un mandamiento y al rechazar el mandamiento estas rechazando la disciplina de Dios y a su vez estas rechazando su amor... pues en *Hebreos 12:6* dice... *por que el Señor al que ama, disciplina...* así que tome la decisión de amar como Jesucristo, no actues por sentimientos, por que el amar es un mandamiento.

Al siguiente, características tomadas del versículo *1 Corintios 13:4-7* que nos van a ayudar a identificar el verdadero amor y conocer mejor las características que definen la naturaleza de Dios para que podamos modelarlo diariamente...

♥ **El amor es sufrido**... Comprende pacientemente las debilidades de los demás y se aguanta en responderle como debiera y prefiere esperar, orar y seguir creyendo que este va a cambiar.

♥ **El amor benigno** ... Placentero, dócil (que se deja corregir) y mantiene un actitud agradable con todos aun con las malos e ingratos ... es lo contrario a repugnante o altanero...

♥ **El amor no tiene envidia** ... Envidia es el disgusto que se alimenta con pensamientos y comentarios ante la prosperidad de otro... pero el que anda en amor... Celebra, Bendice a los demás y ora para que DIOS los prospere más.

♥ **El amor no es jactancioso...** Este es el que presume de grandes cosas... pero el que anda amor... antes de hablar sobre cualquier cosa que hizo o que tiene establece que JESUS es primero y que fuera de Él nada puede hacer.

♥ **El amor no se envanece...** Envanece quiere decir orgullo y/o vanidad esto te hace sentir placer al ver sufrir una persona que te hirió ... pero el que anda en amor ... permanece humilde teniendo como recompensa ver la situación con claridad y tiene acceso a la compasión.

♥ **El amor no hace nada indebido...** Esta es la persona integra en pensamientos y actos, en las cosas que hace busca la paz, la unidad y el bien de los demás.

♥ **El amor no busca lo suyo...** No demanda pertenencia sino que es generoso y se despoja hasta de sus deseos para bendecir a otros.

♥ **El amor no se irrita...** El amor toma la decisión de **NO** explotar con ira, actitud, enojo o violencia ante una situación.

♥ **El amor no guarda rencor...** La persona que anda en amor NO lleva el record de ofensas y males que ha sufrido y mucho menos le deja de hablar a las personas que le han herido.

♥ **El amor no se goza de la injusticia mas se goza de la verdad...**

♥ **El amor todo lo sufre...** Cuando eres capaz de sentir el dolor de los demás, clave para poder ser un intercesor capaz.

♥ **El amor todo lo espera...** Esto quiere decir que no se desanime al ver que la gente no cambia sino que cree en el futuro con esperanza.

♥ **El amor todo lo cree...** El amor tiene como primera opción creer lo bueno en las personas porque lo mira con FE.

♥ **El amor todo lo soporta...** La fuerza del amor le da la energía para afrontar, resistir, perseverar, tener entereza para soportar con valentía la situación que se le presente.

2. **El Gozo** es un espectacular privilegio del creyente en cuyo interior mora el Espíritu Santo. El gozo es la habilidad (no humana, por esto es que es fruto del Espíritu Santo) de permanecer animado y contento aún en circunstancias adversas. Esta virtud no depende de las condiciones externas, ni de lo que hagan o dejen de hacer los demás. El gozo esta cimentado en nuestra salvación, en que ahora como no somos de este mundo, no importa lo que pase en este mundo, en *Hebreos 10:34 dice... sufristeis con gozo sabiendo que tenéis en vosotros una mejor y perdurable*

herencia en los cielos. SABIENDO esta es la clave sabemos que tenemos la salvación, este conocimiento nos da acceso permanente a *sacar gozo de la salvación, como dice en* **Isaías 12:3.**

3. **La Paz** o la ausencia de la misma en el Corazón de una persona, está basada en que tanta confianza esta tenga en Dios. Ahora bien existe la paz que nos ofrece el mundo, esta depende de que las cosas resulten como las queremos, ósea si esto y aquello q planeo y quiero sale, estoy en paz, sino resultan, la ansiedad y la drepreción les gobierna. <u>Tres dimensiones de la paz:</u>

* Paz con Dios- *Justificados, pues, por la Fe, tenemos paz para con Dios por medio de nuestro Señor Jesucristo;* **Romanos 5:1** Cuando aceptamos el sacrificio de Jesús como nuestro Salvador, recibimos la justificación de nuestros pecados nos reconciliamos con el Padre y nuestra relación con El se restaura, entonces, tenemos acceso a esa paz.
* Paz con nuestro prójimo - Cuando afloramos el fruto del amor de Dios, nos podemos acercar a nuestro prójimo, no buscando nuestro propio bien sino el bien de nuestro prójimo. Esto trae a nuestro interior una paz tan tremenda porque es la voluntad de Dios cumpliéndose en nuestra vida.
* Paz con nosotros mismos - al restaurarse la relación con Dios y al estar cumpliéndose

la voluntad de Dios en nuestra vida, podrás estar en paz contigo mismo.

Beneficios de la paz de Dios *"y la paz de Dios, que sobrepasa todo entendimiento, guardara vuestros corazones y vuestros pensamientos en Cristo Jesús"* **Filipenses 4:7**

Virtudes del fruto del Espíritu para con los seres humanos

1. **La Paciencia** No es la habilidad de esperar, sino de actuar correctamente cuando estamos en tiempo de espera, es la forma en que se actúa durante el tiempo de una prueba. Cuando nos quejamos y murmuramos al esperar, le estamos demostrando a Dios que no estamos contentos con El. En cambio, cuando le decimos y le demostramos al Señor que estamos contentos mientras esperamos, y que confiamos en EL y en sus promesas, el milagro llega. *En Hebreos 10: 35-36 dice "no perdáis, vuestra confienza que tiene gran Recompensa, pues, es necesario la Paciencia, para que habiendo hecho la voluntad de Dios obtengáis la Promesa".* Si usted está esperando que Dios arregle su matrimonio, cambie a sus hijos, le dé un milagro financiero o lo llame al ministerio, pruébele que usted confía en El y aprendamos a disfrutar el viaje de la Fe!!! Y porque Dios nos hace esperar??? Las promesas de Dios son Grandes y debemos saber cómo manejarlas, por tal razón hay

que pasar lecciones que tenemos que coger y hay un orden establecido; por ejemplo un niño en primer grado quiere ser doctor… se imaginan que en vez de ir a segundo grado se matricule en la universidad, podrá este manejar tan gran bendición, no, claro que no. Pues Dios sabe todas las cosas, confiemos en los tiempos de espera a que nos somete. Porque Dios quiere que maduremos y crezcamos espiritualmente para que *seamos cabales* como dice en **Santiago 1; 4**, lo cual nos permite recibir sus promesas y saber manejarlas para hacer su obra con excelencia. De manera que, si usted no ha recibido lo que está esperando, lo más seguro es que Dios sabe algo que usted ignora; y es que si le diera lo que espera en este momento, en vez de darle una bendición, le causaría problemas. Por eso, es que el nos da lo que esperamos, no cuando lo queremos, sino cuando estamos listos. Recuerde que Abraham "el padre de la Fe" espero 25 años para recibir la verdadera promesa, Noé estuvo 120 años construyendo el arca, a David le tomo 13 años llegar al trono después de haber sido ungido y Jesús, el hijo de Dios, no fue hasta que cumplió los 30 años que comenzó su ministerio.

2. **La benignidad** significa ser amable, gentil, dulce, de palabras y actitudes suaves contrario a la agresividad, aspereza o hiriente. Pero va mas allá puesto que la

persona benigna es aquella cuyo carácter es controlado por la virtud del fruto del Espíritu, lo que le permite fluir en su habilidad de actuar con misericordia para el bienestar de quienes no se lo merecen. *En Lucas 6:35 dice Amad a vuestros enemigos, haced bien, y prestad, no esperando de ello nada (reto); y será vuestro galardón grande (promesa), y seréis hijos del Altísimo (honor); porque EL es benigno para con lo ingratos y malos (ejemplo).* Wuaou!!! Qué gran reto, que gran promesa, que gran honor y que gran ejemplo nos da la Palabra. No debemos sentir temor de que la gente tome ventaja de nosotros cuando ejercitemos esta virtud de la manera que la Palabra nos dice que lo hagamos, porque, primero que nada el temor nos paraliza y no nos permite actuar, segundo a según el amor echa afuera el temor, pues, el temor echa fuera el amor y sin amor no será posible ejercitar esta virtud.

3. **Bondad** es acción Ayudar, Cuidar, Dar, Ofrecer, Hospedar, Invitar, Servir. Pero ojo, no puede excluir a los que abusan de su paciencia o los que le tratan mal. Para dejar de pensar en nuestros problemas, nuestras necesidades, nuestras circunstancias y para mantener el yo ismo controlado, me parece una excelente alternativa practicarla y más si esto viene con recompensa como dice en *Gálatas 6:9 No nos cansemos, pues, de hacer bien; porque a su tiempo segaremos, si no desmayamos. Así que,*

según tengamos oportunidad, hagamos bien a
todos, y mayormente a los de la familia de la Fe.

Virtudes del fruto del Espíritu
para con nosotros mismos

1. **Fidelidad** es la capacidad de permanecer
comprometido con una persona o una causa,
sin importar lo que suceda. *Lucas 16:12 y si en*
lo ajeno no fuisteis fieles, quien os dará lo vuestro?
Apocalipsis 2:10 dice No temas en nada lo que vas
a padecer. He aquí que el diablo echara algunos
de vosotros en la cárcel, para que seáis probados
y tendréis tribulación por 10 días. Se fiel hasta la
muerte y yo te daré la corona de la vida.

2. **Mansedumbre...** Una persona cuando
fluye en esta virtud es sabia porque puede
controlar y manejar sus emociones, sus
palabras, su tono, su voz, sus gestos,
etcétera... cuando esta bajo presión. Una
persona le puede gritar, insultar y hablar mal
de usted todo lo que quiera, pero si usted es
manso, sabrá cómo lograr que esas ofensas
no afecten su corazón. Las acciones de las
personas no pueden controlarnos si tenemos
el fruto de la mansedumbre. Mansedumbre
no es sinónimo de debilidad sino de fuerza
controlada sabiamente. Además, en la
palabra tenemos promesas cuando actuamos
en mansedumbre, en *Eclesiastés 10:4 dice "por*
que la mansedumbre hará cesar grandes ofensas".
La persona mansa no se ve afectada ni por la

crítica ni por la alabanza, sino que siempre se mantiene ecuánime frente a cualquiera de estas 2 circunstancias. Si recibe una critica la examina para saber si es que debe mejorar o la desecha sin ofenderse con humildad y si recibe alabanzas sabe que es solo un instrumento para Glorificar a Dios, que sin EL nada podría hacer. La mansedumbre es muy necesaria por que deposita en nuestro espíritu disposición para aceptar los tratos de Dios, ósea nos hace moldeables, sin discutir ni resistirlos. Nuestro carácter debe reflejar la imagen de Cristo, por tanto el Espíritu Santo trata con áreas de nuestra vida que deben de morir para que la imagen de Cristo se pueda reflejar. La razón por la cual muchos creyentes no cambian sus vidas, es la falta de mansedumbre; por que, en vez de recibir la Palabra con un espíritu amable, modesto y humilde, la discuten o se la aplican a otros, sin poder darse cuenta que esa palabra contiene el Poder para cambiar sus vidas. *Santiago 1:21-22* dice *"Por lo cual, desechando toda inmundicia y abundancia de malicia, recibid con mansedumbre la palabra implantada, la cual puede salvar vuestras almas. Pero sed hacedores de la palabra, y no tan solo oidores, engañándoos a vosotros mismos".*

3. **Dominio Propio** - Es la habilidad dada por DIOS para ser disciplinado y tener control sobre los apetitos y los deseos de los sentidos, sobre las circunstancias externas y

sobre nosotros mismos. Es tener una mente segura, cabal y disciplinada para pensar en la bueno, esta es la clave para que esta virtud crezca, disciplinar nuestra mente para que piense en lo bueno continuamente, y esto nos llevara a la acción que deriva de una creencia en la mente. Esta es la razón por la cual la Biblia nos exhorta en *Filipenses 4:8* *"Por lo demás, hermanos, todo lo que es verdadero, todo lo honesto, todo lo justo, todo lo puro, todo lo amable, todo lo que es de buen nombre; si hay virtud alguna, si algo digno de alabanza, en esto pensad"*

El fruto es la evidencia visible de que en el interior de una persona, mora el Espíritu Santo.

Informe semanal del Hermano Mayor
al Pastor sobre el comportamiento y
progreso del nuevo creyente.

1. Que te preocupa de tu nuevo hermano menor

2. Que celebras de nuevo hermano menor

3. Alguna otra cosa que consideres mencionar
    sobre la dinámica que se está dando de
    hermano mayor a nacido de nuevo.

Hermano Mayor: _____.

Nacido de Nuevo: _____.

Fecha: _____.

Informe semanal del Nacido de Nuevo
a su Hermano Mayor sobre cómo puso
en práctica el tema discutido.

Tema: _____   _____.

Preguntas guías: ¿Qué paso? ¿Qué hiciste? ¿Qué pensaste? ¿Cómo te sentiste? ¿A qué renunciaste? ¿Qué elegiste? ¿Qué celebraste?

1. Lunes

2. Martes

3. Miércoles

4. Jueves

5. Viernes

6. Sábado

7. Domingo

Hermano Mayor: _____.

Nacido de Nuevo: _____.

Fecha: _____.

10mo Tema

El Propósito del Ayuno

(altamente recomendado, medite en los textos que se le citan)

Hay ayunos para el físico, pero este ayuno, no es para los inconversos, pues su espíritu aún no ha nacido.

Dios nos habla en *Isaías 58* sobre *El Verdadero Ayuno,* el que le agrada. El ayuno puede convertirse en motivo de rebelión sino se entiende el porqué y él para que es, esta poderosa arma. En el **58:3** parafraseado dice "para buscar tu propio gusto **NO** ayunéis". El ayuno no es una herramienta para forzar el brazo de Dios, de manera que El te dé exactamente lo que deseas. Cuando no entendemos esto le abrimos la puerta a la rebelión. El ayuno tiene un propósito espiritual, y ese propósito es poner a tu carne fuera del camino de manera que el Espíritu domine tu vida, se fortalezca y llene cada vez mas tu ser.

Todos los convertidos tienen dos naturalezas: la carnal y la espiritual, las cuales combaten entre sí para influenciar en nuestras decisiones. ¿Qué naturaleza de las dos nos dominará? La que alimentemos mejor. Si alimentamos mas a la carne que al espíritu somos: carnales (con un espíritu contristado o apagado). Lee *Gálatas 5:16-25*. Si alimentamos mas al espíritu que a la carne somos: espirituales (con una carne sujetada) que le da paso al fluir de las virtudes del fruto del Espíritu Santo. Entonces el ayuno es privar a tu cuerpo de lo que le gusta para que este entienda que quien manda es tu espíritu y no el, de manera que es una herramienta para debilitar la carne y fortalecer al espíritu.

Ahora bien, ya explicado el porqué ayunamos... te muestro para que ayunamos, todo está en *Isaías 58:6–12*. Ayunamos para que...

- Desatemos las ligaduras de impiedad.
- Soltemos las cargas de opresión.
- Dejamos ir libres a los quebrantados.
- Rompamos cada yugo.
- Partamos nuestro pan con el hambriento y saciemos el alma afligida
- Alberguemos a los pobres errantes.
- Cubramos el desnudo al verle así.
- No nos escondamos de nuestros hermanos.
- Quitemos el yugo de en medio de nosotros.
- Quitemos el dedo amenazador.
- Quitemos el hablar vanidad.

Se fijan, es para que tengamos todas las anteriores como estilo de vida. Ahora, ve cómo Dios apoya milagrosamente a los que se atreven a negarse para vivir en favor del pobre y oprimido.

- Tu luz vendrá como el alba.

- Tu sanidad aparecerá pronto.
- Tu rectitud irá delante de ti.
- El Señor será tu retaguardia.
- Cuando clames, el Señor contestara.
- Cuando pidas ayuda, Dios te dirá, "Aquí estoy yo".
- Tu luz subirá en la oscuridad.
- Tu noche será como el mediodía.
- El Señor te guiará siempre.
- Satisfará tus necesidades.
- Dará vigor a tus huesos.
- Serás como un jardín bien regado.
- Serás un manantial cuyas aguas nunca faltan.
- Tu descendencia reconstruirá las ruinas antiguas.
- Y serás llamado Reparador y Restaurador de la sociedad

Wuao!!! Es muy grande la recompensa!!! Vale la pena negarnos a los deseos de la carne, siii!!!

Ahora bien, para llegar hacer el ayuno como estilo de vida que nos reta Dios en *Isaías 58,* tenemos que haber ganado varias batallas y aun así, seguir batallando como estilo de vida, tan largo como vivamos, porque la realidad es que vivimos en el campo de guerra. Todo cristiano está en una batalla en la que es atacado por 3 frentes:

1. Las pasiones de su carne
2. El mundo que le rodea y no conoce a Dios
3. Las huestes demoníacas que no se pueden ver.

La Palabra establece en *1 Juan 2:16* *"Porque todo lo que hay en el mundo, los deseos de la carne, los deseos de los ojos y la vanagloria de la vida, no proviene del Padre, sino del mundo"*. ¿Cómo los vamos a vencer?, pues la Palabra también establece en *Mateo 17:21* *"Pero este género no sale sino es con ayuno y oración"*. Así que las mejores armas que tenemos para combatir en esta batalla de 3 Frentes es La Oración Y El Ayuno; claro está que hay que combinarlo con la obediencia total y absoluta a la Palabra tomando un compromiso genuino de aplicar la Ley del Amor, en todo momento, como Jesús establece en *Mateo 22: 34-40* El gran Mandamiento, para que esta palabra *"Si permanecéis en mi, y mis palabras permanecen en vosotros, pedid todo lo que queréis, y os será dado"*. *Juan 15:7* tome vida en nosotros.

En Resumen, el Ayuno no tuerce el brazo de Dios para que te dé algo personal que quieres, recuerda que sólo El sabe lo que te conviene. Ayunamos para avisarle al cuerpo que nuestro espíritu domina.

El ayuno, a los pies de Jesús (con oración), es como una escuela donde educas a tus deseos y voluntad a que elija lo que tu mente le ordena, es más bien, un entrenamiento para negarte a ti mismo escogiendo vivir para Dios y para otros. Este tipo de ayuno puede cambiar el mundo aunque trae consigo mucha demanda espiritual, emocional y material. Así que, usemos estas armas (LA ORACIÓN Y EL AYUNO) para que seamos Victoriosos y tener una vida llena de Gozo.

Algunos ejemplos biblcos del Ayuno.

- **Génesis 2:16-17 y Cap.3.** Adán y Eva los expulsan del Edén al romper al ayuno ordenado.
- **Éxodo 34:28.** Moisés recibe los 10 mandamientos en el Sinaí en ayuno de 40 días.
- **Jueces 20:26.** Los Hijos de Israel ayunaron en guerra con la tribu de Benjamín.
- **2Crónicas 20:3.** Josafat pregonó ayuno debido a un problema grande que les venía.
- **Esdras 8:21-23.** Esdras y el pueblo ayunan por la protección de Dios.
- **Esdras 10:6.** Esdras ayuna a causa del pecado de los del cautiverio, hizo intersección por estos.
- **Nehemías 9:1** en confesión pública del pecado de otro
- **Daniel 9:3** como parte de una intersección
- **Daniel 10.** Daniel cumplió 3 semanas de ayuno parcial y se le dio una visión profética.
- **Jonás 3:5** Como 120mil personas se salvan de la destrucción al creer y ayunar.
- **Mateo 4 y Lucas 4** Jesús se bautiza y luego ayuna 40 días para iniciar su ministerio.
- **Mateo 9:14** Juan el bautista y sus discípulos ayunaban constantemente.
- **Lucas 2:36-38.** La profetiza Ana ayunaba mucho y pudo conocer a Jesús de bebé.
- **Hechos 9:9, 19.** Pabló ayunó 3 días luego del encuentro con Jesús e inició a predicar.

- *Hechos 13:1-3.* Los líderes de Antioquia ayunaban y se inició la obra misionera.
- *Hechos 14:23.* Pablo y Bernabé en ayuno y oración confirman ancianos en las iglesias
- *2Cor. 6:5-7.* El ayuno era parte constante del ministerio del apóstol Pablo, el poder de Dios se perfecciona en la debilidad del Hombre.

Informe semanal del Hermano Mayor
al Pastor sobre el comportamiento y
progreso del nuevo creyente.

1. Que te preocupa de tu nuevo hermano menor

2. Que celebras de nuevo hermano menor

3. Alguna otra cosa que consideres mencionar sobre la dinámica que se está dando de hermano mayor a nacido de nuevo.

Hermano Mayor: _____.

Nacido de Nuevo: _____.

Fecha: _____.

Informe semanal del Nacido de Nuevo
a su Hermano Mayor sobre cómo puso
en práctica el tema discutido.

Tema: _____   _____.

Preguntas guías: ¿Qué paso? ¿Qué hiciste? ¿Qué pensaste? ¿Cómo te sentiste? ¿A qué renunciaste? ¿Qué elegiste? ¿Qué celebraste?

1. Lunes

2. Martes

3. Miércoles

4. Jueves

5. Viernes

6. Sábado

7. Domingo

Hermano Mayor: _____.

Nacido de Nuevo: _____.

Fecha: _____.

11avo Tema

El Perdón

(altamente recomendado, medite en los textos que se le citan)

El evangelio consiste en perdonar, es la base. Analice, que es lo primero que hace Jesús con nosotros, perdonarnos, verdad, pues ahí está, esta es la base, la primera piedra, el fundamento para este nuevo estilo de vida en nuestra nueva nación, de nuestra nueva ciudadanía que es en el Reino de los Cielos. Pero no como el mundo, que dice, perdono pero no olvido, aunque hasta cierto punto, esta común frase tiene una verdad, pues al perdonar no se quita la memoria pero si se quita el dolor.

Todo comienza con una situación donde somos ofendidos (maltratados), con razón o sin razón, justa o injusta, no importa, el efecto es el mismo en nosotros. Ofensa---- Resentimiento (se enoja) ---- falta de perdón (pensamientos de venganza) ---- raíz de amargura (le cuenta a todo el mundo como la hirieron, cuando recuerda lo que sucedió siente dolor, revive la angustia, el enojo, la impotencia) ---- odio (se alegra cuando algo malo le sucede a esa persona, desea venganza) ---- muerte espiritual ---- enfermedad física (te lleva a la depresión y al stress que causa cargar la ira y la amargura, ingrediente

detonante en las enfermedades de la actualidad) ----
hasta llevarte a la muerte física...

Cuando perdonamos le damos derecho legal
al Espíritu Santo para que arranque de nuestro
corazón toda raíz de amargura. Es como la cizaña
que si no se arranca de la planta impedirá que
el fruto crezca. De igual forma estas raíces de
amargura te impedirán alcanzar la plenitud de tu
nueva vida.

Esto es una verdad espiritual que no está a nuestra
vista física, por eso voy a utilizar unos ejemplos
físicos para ayudar al entendimiento:

- La ofensa es como un veneno que inyecta
  una serpiente en el torrente sanguíneo
  de una persona y la puede matar en poco
  tiempo.
- También es como una semilla que se planta
  en el corazón, echa raíces de amargura que
  crece en un árbol con hojas de reproches y
  da frutos de rencores y odio. El que de este
  tipo de fruto esta muerto espiritualmente.
- La verdad es que la ofensa es una trampa,
  una carnada que si usted cae ahí, se deja
  atrapar es decir la recibe, se ofende, se
  resiente, cae en una cárcel donde el perdón
  es la única forma para salir, entonces si
  usted decide no perdonar, el diablo toma
  derecho legal para mantenerlo encerrad
  y atormentarlo. El que no perdona es
  entregado a los verdugos.

Pero mire como Jesús mismo lo explico en la parábola de Los dos deudores *(Mateo 18:23-35)* [34] *Entonces su señor, enojado, le entregó a los verdugos, hasta que pagase todo lo que le debía.* [35] *Así también mi Padre celestial hará con vosotros si no perdonáis de todo corazón cada uno a su hermano sus ofensas.*

Perdonar es algo muy delicado, pues cuando se perdona se abre la caja de los recuerdos, una caja de pandora, que según uno va recordando va eligiendo perdonar y recibiendo sanidad en esa memoria. Perdonar es todo un proceso, que requiere valentía, cuando te paras en la postura de que elegiste perdonar y recuerdas el momento en el que fuiste ofendido, vendrá dolor, pero si persistes, con fe, de que haz elegido amar y rechazas tus deseos de hacer justicia, a tu manera, veras que de como antes entrabas en una crisis de llanto, desespero e impotencia a que ahora solo salgan lagrimas. Esto quiere decir que estas en el proceso, de que antes maldecías y deseabas venganza a que guardes silencio, quiere decir que estas en el proceso.

Veamos, el proceso del perdón lo podemos comparar como con pelar una cebolla, telita por telita, capa por capa. La cebolla (el problema) será más pequeña (menos doloroso) cada vez que le quites una capa (cada vez que perseveres en tu decisión de perdonar), cuando venga el recuerdo del suceso o la circunstancia.

Pero así mismo es en lo inverso, cuando sucedió el problema, la ofensa o la circunstancia que nos causó dolor y por sentirnos indefensos, respondimos con ira, angustia, dolor, soledad, miedo, coraje y cada vez que recordábamos el suceso respondíamos con odio y deseos de venganza, le añadíamos capas a la cebolla (el problema) y lo hacíamos mas grande.

Pero si decidimos perseverar, en eliminar la cebolla (el problema) de nuestras vidas, llegará el día que la sensación de amargura y los deseos de venganza desaparecerán y la persona ya no será esclava de esas raíces que le impedían el crecimiento pleno en Cristo y saboreara las delicias del Reino de Dios, gozo, paz justicia y mucho más!!!

Hay situaciones tan difíciles de perdonar que solo por Fe en las promesas, por su gracia y en sus fuerzas es solo posible. Para poder perdonar hay que pensar con la mente de Cristo, así que si no renuevas tu mente como ya te expliqué en el tema # 7, se le hará más difícil perdonar. Perdonar es un acto de la voluntad, es una decisión no un sentimiento, se decide no se siente.

Una de las ocasiones más difíciles para mi perdonar fue esta: me encontraba estacionada en la petición de la realización de una de Sus promesas *[Malaquías 4:6 El hará volver el corazón de los hijos a los padres y el de los padres a los hijos…]* no se imaginan como yo en el espíritu llamaba, clamaba por ese corazón anclada en esa promesa, cuando de repente percibo en el espíritu, 'Ponme fuego en el altar', yo responde: Si mi Señor, lo que tú me pidas te pondré e inmediatamente percibo 'Perdona a esta mujer' (me reservaré el nombre de la mujer) yo dije: que cosa más difícil me has pedido y me explico, a esta mujer era la que precisamente yo culpaba por el distanciamiento de los corazones por los cuales yo clamaba y no solo eso, esta mujer era sumamente altiva, soberbia, arrogante tuve pleitos con ella por muchísimos años y no la describo para que solo sepan como ella era sino porque la profundidad de la petición de fuego que el Padre me pedia era que me sometía a un examen, si, porque si esa mujer era altiva, soberbia y arrogante, yo era mucho más que ella. Claro que ahora yo estaba en la posición de nueva criatura, había sido liberada de la altivez, de la soberbia y de la arrogancia y había llegado el momento de ser probada en el fuego, como el oro.

La cosa es que tenía muchas excusas para no hacerlo, pero, todas quedaban invalidas, no procedían ante el Magistrado compuesto por el Padre como Juez y Jesús el modelo de la ley, cuanta perfección, cuanta pureza. Sabía que mi nueva ciudadanía (en el Reino de los Cielos) se mantendría vigente mientras decidiera actuar como EL, como Jesús. Además yo quería la realización de Su promesa y la liberación de mi dolor, ósea al final de cuentas yo saldría ganando y mi ego aplastado, quemado, pero, mi nueva naturaleza quedaría probada como el oro, en el fuego y brillaría!!! Esta seria mi mayor recompensa, porque con el ego fuera de mi entonces tomaría realidad la palabra *"ya no vivo yo, mas Cristo vive en mi"*

Decidí perdonarla, aunque tardé 4 meses en mover mi voluntad a hacerlo porque todos mis sentimientos me lo impedían, finalmente, lo logré, lo hice y la liberación que yo viví en esta experiencia con el perdón fue tan palpable en lo físico y en el alma y eso que para ese entonces yo no entendía la trascendencia que sucedía en lo espiritual. La sensación de relajación fue tan extrema que me envicié, si, quería salir corriendo a pedirle perdón al mundo aunque en casi todas las ocasiones el dolor me detenía, pero luchaba y mi decisión ganaba. El perdón es un misterio para quienes no lo entienden, pero una maravillosa revelación para aquellos que han probado sus delicias.

Y muy importante es perdonarse a uno mismo, analizar los corajes y ataques de ira que por una simpleza te descontrolan, analice que sentimientos de culpa lo invaden, es usted cruel consigo mismo, que no le gusta de sí mismo. Perdónese, ámese, recuerde que si no habrá un derecho legal para que los verdugos lo atormenten. Cuando perdonamos y nos perdonamos (a nosotros mismos) cerramos una puerta y salimos del lugar que nos ataba al pasado.

La misericordia de Dios es no darle al hombre lo que en realidad merece. La Gracia es darle lo que no merece. El perdón es dado por Gracia a aquellos que no lo merecen. Recuerde que ahora usted actúa según su Rey y Señor actúa, somos semejante a EL. No espere ser entregado a los verdugos para perdonar *(Mateo 18:23-35)* Sea sabio y perdone a tiempo. Es que la falta de perdón corta la comunión con Dios y bloquea la Fe que es Don de El. Es que cuando decides no perdonar su Presencia no puede fluir con libertad.

La falta de perdón es:

- Una herida en el corazón que te mantiene sangrando y por ende perdiendo vida...
- Una deuda que está en nuestro record...
- Una herida que madura y se convierte en amargura...
- Cuando la persona se llena de si misma, piensa en el yo 1er, 2do y 3ero...
- Cuando no puede tener pena o misericordia de los enemigos...
- Cuando se endurece el corazón, no siente, se insensibiliza...

Te he explicado conocimiento para que tengas algo de entendimiento y que puedas fluir en la obediencia de perdonar pero hay otro ingrediente esencial para que se consolide el perdón, el Amar, pero el Amor de Dios, su Don de Amor, *el amor cubrirá multitud de faltas (Proverbios 10:12),* en el Tema 9 expliqué con más detalles. El amor de Dios que es SIN CONDICIONES donde se ama a las personas difíciles, a los Judas y a los enemigos *(Mateo 5:38-48 El amor hacia los enemigos).*

Los judas, los enemigos, las personas difíciles son muy importantes en la vida de cada ser humano, pues por medio de estos es que las virtudes del fruto del Espíritu Santo maduran en nosotros. Si usted no es capaz de perdonar, a su Judas, a su enemigo usted no ha pasado de pasado de muerte a vida, como dice *1Juan 3:14-15.*

Y es que solo haciendo así es que podrás llegar a descubrir y a cumplir tu exclusiva misión en esta Tierra. A medida de cuanto tu puedes hacer lo que es la voluntad de Dios, como está escrito en nuestro manual de vida, es que conocerás lo que es el éxito.

Informe semanal del Hermano Mayor
al Pastor sobre el comportamiento y
progreso del nuevo creyente.

1. Que te preocupa de tu nuevo hermano menor

2. Que celebras de nuevo hermano menor

3. Alguna otra cosa que consideres mencionar sobre la dinámica que se está dando de hermano mayor a nacido de nuevo.

Hermano Mayor: _____.

Nacido de Nuevo: _____.

Fecha: _____.

Informe semanal del Nacido de Nuevo
a su Hermano Mayor sobre cómo puso
en práctica el tema discutido.

Tema: _____.

Preguntas guías: ¿Qué paso? ¿Qué hiciste? ¿Qué pensaste? ¿Cómo te sentiste? ¿A qué renunciaste? ¿Qué elegiste? ¿Qué celebraste?

1. Lunes

2. Martes

3. Miércoles

4. Jueves

5. Viernes

6. Sábado

7. Domingo

Hermano Mayor: _____.

Nacido de Nuevo: _____.

Fecha: _____.

"Baby food" para el... Nacido de Nuevo...

12avo Tema

Bienaventuranzas
(Mateo 5:1-12 y Lucas 6:20-26)
(altamente recomendado, medite en los textos que se le citan)

Bienaventurado – estado de una persona que es prospera, feliz, dichoso, alegre

Hay personas que creen que las bienaventuranzas son un modelo de perfección inalcanzables o que sus recompensas son para cuando lleguemos al cielo y la verdad es que son un entrenamiento para la guerra. Luego de entrenarnos en cada una de ella se convierten en armas espirituales con poder de destrucción masivo.

Antes de hacer guerra espiritual necesitamos estar seguros de que nuestro fundamento esta plantado correctamente, es por esto que a manera de examen analizaremos las Bienaventuranzas.

Mateo 5:3 Bienaventurados los pobres en espíritu,

pobre - el que entiende que no tiene lo que necesita para vivir o desarrollarse ósea el que reconoce que es pámpano como dice en *Juan 15:5* porque separados de mí nada podéis hacer. En otras palabras es alguien que depende de Dios contrario a ser independiente o autosuficiente. En otras palabras esta bienaventuranza es una bala fulminante al ego, al yo ismo, al yo puedo solo. *Salmo 44:6 Porque no confiaré en mi arco, Ni mi espada me salvará;* esa es la afirmación que debemos hacer dependiendo de Dios todo el tiempo.

Porque de ellos es el reino de los cielos.

Ósea, recibirás el Reino de los Cielos, entras bajo la jurisdicción del Reino de Dios y te sobrenaturalizas, es decir, pasas de ser natural (estado de los que viven según las leyes terrenales y/o naturales) para entrar en un estado permanente de justicia, paz y gozo en el Espíritu Santo *Romanos 14:17*, beneficios de nuestra nueva nación.

5:4 Bienaventurados los que lloran, porque ellos recibirán consolación.

Si, se explica solo el versículo, ya no lloramos solos, ahora tenemos al Espíritu Santo que nos consuela, *Juan 14:15-18*, pero yo creo que hay más profundidad en este versículo. Cuando gustas de esa justicia, de esa paz y de ese gozo, nace dolor en tu corazón por el que no conoce a Jesús y comienzas a gemir y a llorar pidiéndolo al Espíritu Santo que redarguya a esas personas, que le haga entender la necesidad de arrepentirse para que puedan disfrutar de todo lo que tu estas disfrutando. Entonces, cuando ves un alma convertirse la justicia, la paz y el gozo en tu vida se multiplica. Es ahí que se cumple el misterio de ser bienaventurado aunque parezca sufrir según el sistema del mundo.

5:5 Bienaventurados los mansos,

Una persona mansa es la que tiene la capacidad de negarse a sus anhelos y deseos para darle el espacio a la voluntad de Dios en su vida.

Porque ellos recibirán la tierra por heredad.

Ósea dominaran, tomaran, ejercerán la autoridad que Jesús nos delega, alcanzando así el éxito, que significa poder acezar a la plenitud de nuestra herencia, las promesas de Dios para nuestra vida y cumplir el propósito por el cual fuiste creado. Claro siempre y cuando sean pobres en espíritu, lloren por los que no conocen a Cristo (limitándonos a mencionar solo estos, pues son los que estamos estudiando al momento, pero sabiendo que hay mucho más que aprender y aplicar según vayamos creciendo espiritualmente) porque esto generará la mansedumbre en nuestro ser para poder negarnos a la voluntad propia y poder darle el espacio a la voluntad de Dios en nuestras vidas.

5:6 Bienaventurados los que tienen hambre y sed de justicia,

Ósea de ver el derecho de salvación que todos tenemos cumplirse

Porque ellos serán saciados.

Una vez más la escritura deja claro que cuando ves un alma convertirse la justicia, la paz y el gozo en tu vida se multiplica

5:7 Bienaventurados los misericordiosos, porque ellos alcanzarán misericordia.

Aquí se ve claro la Ley de siembra y cosecha. Tenemos que sembrar misericordia para cosechar misericordia, porque aun estamos en estos cuerpos carnales y fallaremos. Entonces según tu mides serás medido *(Mateo 7:1-6)*

La justicia por sí sola, nos pone en peligro de formar un corazón de juicio en intolerancia contra aquellos que no actúan correctamente, por eso si no tenemos misericordia, el hambre y la sed por justicia se desbalancea.

Estas dos que son opuesta (misericordia y el hambre y la sed por justicia) se dan balance. Además hay que aprender a desechar la ira si queremos que la justicia de Dios opere en nuestro entorno. *La ira del hombre no opera la justicia de Dios,* **Santiago 1:20.**

5:8 Bienaventurados los de limpio corazón, porque ellos verán a Dios.

Cuando te sometes a los opuestos anteriores, si porque en lo natural es difícil entender que un "pobre sea prospero" que uno "que llora es feliz" que uno "que sea manso sea dichoso" pero todo tiene una razón de ser, Dios es perfecto y tiene unos métodos únicos para limpiar tu corazón de toda amargura, de toda malicia. Y es que, mira, cuando te sometes a vivir según las bienaventuranzas (que son las nuevas costumbres, las nuevas formas de comportamiento de tu nueva nación) te sacuden y te van limpiando el corazón!!! Y nada menos que para que... porque los limpios de corazón verán a Dios, aiiii!!! No es Dios más que tierno, más que amoroso!!! El quiere que lo veas que lo oigas en todo lo que sucede en nuestro alrededor que compruebes que si El está en todo tiempo con nosotros pero es necesario tener un corazón limpio.

5:9 Bienaventurados los pacificadores, porque ellos serán llamados hijos de Dios.

Un pacificador es aquel que reconcilia y restaura relaciones rotas, lo que hizo Jesús. Eres pacificador o agitador o uno un poco mejorado ósea que solo estas de espectador en la x situación y no haces nada para pacificar, cuidado que esto te puede sacar del territorio de jurisdicción. Somos llamados hijos de Dios cuando hacemos como Jesús, vencer el mal con el bien.

*5:10 Bienaventurados los que padecen **persecución** por causa de la justicia, porque de ellos es el reino de los cielos.*

*5:11 Bienaventurados sois cuando por mi causa os **vituperen** y os persigan, y digan toda clase de mal contra vosotros, mintiendo.*

5:12 Gozaos y alegraos, porque vuestro galardón es grande en los cielos; porque así persiguieron a los profetas que fueron antes de vosotros.

Y seremos perseguidos, criticados, humillados injustamente como a los profetas y al mismo Jesús, pero No lo cojas personal, no es a ti que lo están haciendo es por causa del nombre, Jesús, ahora lo representas a El, que privilegio!!! GOZAOS Y ALEGRAOS es el antídoto a la persecución para soportar toda crítica sabiendo que lo que se está cumpliendo es que eres un Bienaventarudo y Galardón Grande es su recompensa.

Entonces si, cuando te hayas sometido al bisturí de las bienaventuranzas estás listo para poder manejar tu armadura *(Efesios 6:10-20)* y salir a la guerra.

Informe semanal del Hermano Mayor
al Pastor sobre el comportamiento y
progreso del nuevo creyente.

1. Que te preocupa de tu nuevo hermano menor

2. Que celebras de nuevo hermano menor

3. Alguna otra cosa que consideres mencionar sobre la dinámica que se está dando de hermano mayor a nacido de nuevo.

Hermano Mayor: _____.

Nacido de Nuevo: _____.

Fecha: _____.

Informe semanal del Nacido de Nuevo
a su Hermano Mayor sobre cómo puso
en práctica el tema discutido.

Tema: _____.

Preguntas guías: ¿Qué paso? ¿Qué hiciste? ¿Qué pensaste? ¿Cómo te sentiste? ¿A qué renunciaste? ¿Qué elegiste? ¿Qué celebraste?

1. Lunes

2. Martes

3. Miércoles

4. Jueves

5. Viernes

6. Sábado

7. Domingo

Hermano Mayor: _____.

Nacido de Nuevo: _____.

Fecha: _____.

13avo Tema

El Corazón

(altamente recomendado, medite en los textos que se le citan)

Si eres como yo era, que pensaba que el corazón era mi guía "yo hago esto porque lo siento" o "yo no hago esto porque no lo siento", te invito a leer...

El Señor me estacionó casi 6 meses en el libro de *Jeremías,* este libro tiene 52 capítulos y la palabra "corazón" aparece 51 veces, fue fascinante en la experiencia sobrenatural a la que Dios me expuso, en ocasiones, literalmente, me sentía dentro de su corazón. Es más, fue en esta temporada que el mandato a escribir este manual se aclaró.

En este libro (*Jeremías*) aprendí que el corazón tiene, es y/o se:

Fingimiento	Dureza	Maldad
Prepucio	Amargura	Desfallece
Rebelde	Imaginación	Sordo y Ciego
Engaño	Perversidad	Avaricia
Angustia	Soberbia	Obstinación

Todo esto está registrado en el libro de Jeremías...
Y yo dije, ¿Cómo? Que, ¿Quee? Que estas son las
características de mi guía, de la brújula que yo he
usado en mi vida... con razón por estar haciéndole
caso a lo que me dictaba el corazón me metí en
tantos líos, tengo que tomar decisiones, ¿Cómo
hago? Dije, si es la forma en que sé proceder... y
me choqué con este versículo: *Lava tu corazón de
maldad, oh Jerusalén, para que seas salva. ¿Hasta cuándo
permitirás en medio de ti los pensamientos de iniquidad?*
Jeremías 4:14

Aja... todos sabemos que somos salvo por la sangre
del Cordero, nuestro amado Salvador el Señor
Jesucristo, ósea que lavo mi corazón en su sangre
cuando no permito pensamientos de iniquidad...

Ok, pues analizo, anterior a esto me choqué con
la verdad sobre los pensamientos, lo explique en
el tema 7mo, La Mente, Base de Operación en la
Guerra, también me había chocado con la palabra
iniquidad y yo decía que rayos es eso y aunque
busqué entender, las respuestas que conseguí no
saciaron mi sed, pero ahora estaba segura que
Dios quería llevarme a un nuevo entendimiento en
cuanto a los pensamientos y despertarme la sed
por entender que rayos era iniquidad otra vez, así
que dije, ok y me dispuse a entender... me tomó
años entender, pues este tema de la iniquidad esta
como encerrado en una cárcel de religiosidad y
aunque sé que me falta por entender, pues estoy
segura que mi Dios me llevará de continuo a nuevos

entendimientos, lo que entendí de este versículo hasta ahora, aquí va:

Tengo una relación de palabras interesantísimas...
{Lava tu Corazón de Maldad / no permitas Pensamientos de Iniquidad}

1. **Lava** – esto es sencillo de entender, esto es un mandato, es un verbo es decir denota la acción de limpiar, purificar (quitar impureza), quitar un defecto, un descrédito o un deshonor, cuando lavas un nombre del deshonor finalmente lo legalizas, cuando **no permites** sucio es entonces cuando esta limpio.

2. **Corazón** – uff esto es un cambia paradigma, científicamente está probado que en el corazón no es el lugar donde ocurren nuestros procesos espirituales sino que estos procesos ocurren en el cerebro humano (en nuestros **pensamientos**) y tan reciente como ayer firmé la declaración oficial que afirma y sostiene lo antes dicho, después de haber tomado el seminario del nivel 1 del Instituto de Neuro Teología de Puerto Rico Inc.

(y aquí es que quedo perpleja ante las formas perfectamente ordenadas del proceder de Dios, pues hace un año comencé a escribir este manual sin saber lo que iba hacer, solo tenía un mandato, escribir mis experiencias con El para que El sane a otros y me continúe sanando a mí, porque El que comenzó la obra la perfeccionara hasta el final y 14 temas como base, donde el 13avo tema era este el corazón, sin yo imaginar que el día antes que me tocara escribir sobre el tema yo habría firmado la declaración que les hablé, wow)

3. **Iniquidad** - es un elemento intangible en el cual se va grabando toda la información espiritual de generación en generación la cual es trasmitida desde el momento de la concepción, es lo que es el ADN físico, pues la iniquidad es el ADN espiritual antagónico. Así como hay una herencia física hay una herencia espiritual. La iniquidad es la estructura diseñada por el mundo espiritual de las tinieblas para introducir *(parábola del trigo y la cizaña, Mateo 13:24-30)* todo tipo de mal y las maldiciones que vienen con derecho legal porque fueron cometidas, adquiridas y pactadas por nuestros antepasados. Etimológicamente la palabra iniquidad quiere decir "lo torcido, lo doblado, lo pervertido" es desviarse del camino, es lo que se tuerce del camino de Dios que es recto y perfecto, es una ofensa, una falta (consiente o no) en contra de la Ley de Dios.

Ok, según todo lo antes expuesto podemos decir que cuando la Escritura dice *{lava tu Corazón de Maldad para que seas salva / no permitas Pensamientos de Iniquidad}* es una alegoría (estilo literario con el fin de dar a entender una cosa expresando

otra diferente) una comparación entre corazón
y pensamiento, entre maldad e iniquidad, entre
lavar y no permitir. Dicho más simple me atrevo a
decir que cuando las Escrituras hablan del corazón
de lo que realmente está hablando es de nuestro
cerebro, nuestra mente donde ocurren los procesos
del pensamiento, las emociones, las memorias,
el aprendizaje, la autoconciencia, las decisiones
y sobre todo nuestra espiritualidad que cuando
entendemos y decidimos someternos al proceso de
conversión como establecen las Sagradas Escrituras,
vea *Hechos 3:19* entre muchos otros, pues es que
entonces recibimos la autoridad para arrancar la
iniquidad de nuestros pensamientos como establece
alegóricamente la *parábola del trigo y la cizaña,
Mateo 13:24-30,* que hay que quemarla pero no una
sola vez, el proceso debe repetirse cuantas veces
sea necesario hasta que se consolide como dice
2Corintios 10:6 hasta que vuestra obediencia sea perfecta.

Y para redondear el tema que tal si te permites en
vez de decir "yo hago esto porque lo siento" o "yo
no hago esto porque no lo siento", mejor decir, "yo
hago esto porque lo decido" o "yo no hago esto
porque no lo decido" y claro que lo decides no
por tu propia opinión sino por el consejo que da
la brújula perfecta la que no falla, nuestra Sagrada
Biblia.

Además te dejo estos versículos para que
reflexiones sabiendo que cada vez que dice corazón
a lo que se refiere es a tu cerebro, la profundidad
que adquirirás será transcendental e ilimitada…

*Y les daré **corazón** para que me conozcan que yo soy Jehová; y me serán por pueblo, y yo les seré a ellos por Dios; porque se volverán a mí de todo su **corazón**. (Jeremías 24:7 RVR60)*

*Pero éste es el pacto que haré con la casa de Israel después de aquellos días, dice Jehová: Daré mi ley en su **mente**, y la escribiré en su **corazón**; y yo seré a ellos por Dios, y ellos me serán por pueblo. (Jeremías 31:33 RVR60)*

*Además, les daré un **corazón** nuevo y pondré un espíritu nuevo dentro de ustedes; quitaré de su carne el **corazón** de piedra y les daré un **corazón** de carne. (Ezequiel 36:26)*

Informe semanal del Hermano Mayor
al Pastor sobre el comportamiento y
progreso del nuevo creyente.

1. Que te preocupa de tu nuevo hermano menor

2. Que celebras de nuevo hermano menor

3. Alguna otra cosa que consideres mencionar
   sobre la dinámica que se está dando de
   hermano mayor a nacido de nuevo.

Hermano Mayor: _____.

Nacido de Nuevo: _____.

Fecha: _____.

Informe semanal del Nacido de Nuevo
a su Hermano Mayor sobre cómo puso
en práctica el tema discutido.

Tema: _____.

Preguntas guías: ¿Qué paso? ¿Qué hiciste? ¿Qué pensaste? ¿Cómo te sentiste? ¿A qué renunciaste? ¿Qué elegiste? ¿Qué celebraste?

1. Lunes

2. Martes

3. Miércoles

4. Jueves

5. Viernes

6. Sábado

7. Domingo

Hermano Mayor: _____.

Nacido de Nuevo: _____.

Fecha: _____.

14avo Tema

La Honra y su Relación con la Fe
(altamente recomendado, medite en los textos que se le citan)

..., porque yo honraré a los que me honran, y los que me desprecian serán tenidos en poco." **1 Samuel 2:30**

Honrar al Señor trae gloria, satisfacción, alegría al corazón, una corona de gozo y larga vida. La sabiduría comienza por honrar al Señor. Al que honra al Señor, al final le irá bien porque el fruto es inevitable y honramos a Dios cuando damos mucho fruto.

La palabra honra aparece un sinnúmero de veces en la biblia, esto denota la importancia para Dios, sin embargo muchos desconocemos la profundidad del potencial de la acción de honrar a Dios, veamos que es honrar, que no es honrar y como se honra...

Honra es la demostración (requiere acción) de aprecio, de agradecimiento que se hace a una persona reconociendo su virtud y su mérito, en base a esta definición, se imaginan cuanto habría que demostrarle a Dios. Entonces lo contrario a la honra es la deshonra, la deshonra significa tratar a alguien como común o tratar a alguien sin valor. Eso si el extremo de la honra es idolatría, la biblia establece *"honra a quien honra merece" Romanos 13:7,* pero cuidado nadie deber ser honrado mas, en cantidad, que a Dios, El es nuestro único ídolo, dándole nuestra máxima honra lo adoramos, cumpliendo así con la escritura que dice que la adoración es exclusiva para Dios, *Mateo 4:10.*

Un día, Dios me reveló que el trono de mi corazón lo ocupaba mi hija, para este momento ya tenía 8 meses en pacto, reconciliada con Dios, creyendo que le daba mi prioridad a Dios y no era así, se imaginan mi asombro, máxime cuando semanas antes Dios se había encargado de explicarme esto (los tronos y la idolatría), entendí perfectamente lo que El Padre quería decirme, lo reconocí, me arrepentí con un lloro profundo por no estar honrándolo como solo El se merecía, luego, me llevó en una película mental a todos los momentos que actuaba incorrectamente, me tomó meses corregirme en esta área, pero finalmente lo logré, saque a mi hija del trono de mi corazón y senté el único que es digno de sentarse en el Trono, nuestro Amado Trino Dios (PADRE, HIJO y ESPIRITU SANTO). Y les digo solo actuando así, en el orden de las Escrituras es que todo en tu entorno encaja.

Otro de los sinónimos de honra es el acto de agradecimiento, la acción de gracias, el reconocimiento de la bondad de Dios, *Salmo 100:4 entrad por sus puertas con acción de gracias.*

Vivimos en tiempos donde ser desagradecidos es común, muchos se quejan y murmuran, no sabiendo que haciendo así sus estatus empeoraran ya que la queja y la murmuración le da derecho legal al enemigo para saquear lo que tienes. En cambio cuando estamos agradecidos por lo que tenemos Dios lo multiplicara. La acción de gracias trae un espíritu de honra y rompimiento de atmosfera que te impulsa a la atmosfera de Dios, su Gloria.

La acción de gracias produce un ser agradecido. Ser agradecido es una virtud de tu carácter que es desarrollada al reconocer que lo que tenemos y somos sale de Dios. Depender de Dios totalmente (requiere Fe) y reconocerlo nos mantiene humildes. Ser agradecido sella las bendiciones de Dios en nuestra vida, no dar gracias trae corrupción al corazón. El momento en que paras de ser agradecido, comenzaras un espiral descendente.

El agradecimiento hace que Dios confíe mas financieramente, espiritualmente y mas porque cuando eres fiel en lo poco en lo mucho te pondrá, Dios te confiará en lo grande Dios usa tus riquezas comunes para darte riquezas verdaderas, entre mas honras a Dios, mas te va a dar... la acción de gracias es la acción más simple de fe.

Ahora, ¿como se honra?, en múltiples ocasiones las Sagradas Escrituras estipulan que honremos a padre y a madre, es más, en *Efesios 6:3* continua diciendo *"para que te vaya bien"*... mmm... {potencial de la acción de honrar} esto es un secreto que no se debe pasar por alto. Analicemos este tipo de honra que es tipo y sombra de la manera en que debemos honrar a Dios.

Cuando somos bebes una de las primeras formas de honrar a papa y a mama es cuando las primeras palabras que pronuncia el bebe son estas, los reconocemos diciéndoles papá, mamá, con esto lo honramos pero ya más adelante en etapas de la niñez, honran con dibujitos, con expresiones de cariño besos, abrazos, etc. Siguen honrando diciéndoles papá y mamá pero la honra va incrementando. También honramos a padre y a madre obediendoles. De adultos honramos a nuestros padres cuando nos graduamos de una profesión, cuando nos convertimos en un ente de bien en la sociedad y cuando le llevamos regalos agradeciéndoles la excelente formación que nos dieron, (una cosa quiero aclarar, aunque tus padres no hayan sido bueno, aun debes honrarlos, pues el mandato de las Escrituras no está condicionado), ok, a lo que quería llegar, pues si así honramos a nuestros padres ¿cuanto más debemos honrar a Dios?, si la honra es en virtud a su merito…

Ahora, veamos pasajes bíblicos sobre ¿como se honra?

- *E invócame en el día de la angustia; Te libraré, y tú me honrarás.* **Salmos 50:15**
- *Dad a Jehová la honra debida a su nombre; Traed ofrendas, y venid a sus atrios.* Salmos 96:8

- *Honra a Jehová con tus bienes, Y con las primicias de todos tus frutos; Y serán llenos tus graneros con abundancia, Y tus lagares rebosarán de mosto. Proverbios 3:9-10* {ohoo… ya ven otro potencial de la acción de honrar}

Ahora, veamos pasajes bíblicos sobre ¿como se deshonra?

- *Hijos de los hombres, ¿hasta cuándo volveréis mi honra en infamia, Amaréis la vanidad, y buscaréis la mentira? Salmos 4:2*

Amar la vanidad (todo, en lo que no esté Dios es vanidad, dijo Salomón el Hombre más sabio en la tierra, *Eclesiastés 1*), Dios no puede estar en la mentira, en el orgullo, en el ego, en el odio, en lo impuro, en la falta de perdón, en la desobediencia, etc. el que este, en uno de estos deshonra a Dios.

- *Temían a Jehová, y honraban a sus dioses, según la costumbre de las naciones de donde habían sido trasladados. 2 Reyes 17:33*

Esto quiere decir que ellos decían "Jehová es nuestro Dios" pero pusieron las costumbres de una nación por encima a lo establecido en los Sagrados Escritos. No darle prioridad a Dios en tu vida es deshonrarlo, además esto es desobediencia.

- *Este pueblo de labios me honra; Mas su corazón está lejos de mí. Mateo 15:8*

Por que se honra de palabra y de obra, ósea, honrar requiere acción. Es igual a la Fe, *la Fe sin obra es muerta, Santiago 2:17*, aquí estriba su relación, como dice el titulo de este tema.

Ok, de manera que honramos a Dios con nuestro reconocimiento de labios y obedeciéndole, poniendo en práctica, acción, todos sus estatutos de sus Sagrados Escritos, no un día, sino que todos las días de nuestra vida.

Entonces qué dices de este pasaje bíblico: *Traed todo el diezmo al alfolí, {mandato} para que haya alimento en mi casa; y probadme en esto--dice el Senor de los ejércitos-- si no os abriré las ventanas del cielo, y derramaré para vosotros bendición hasta que sobreabunde {el potencial de nuestra acción de obediencia, la honra} Malaquías 3:10*

Traigo este texto porque es aquí donde mucho pueblo de Dios se cae y me atrevo a decir que en la mayoría de las veces es por la falta de Fe porque no creen en el potencial de la promesa y esto lo lleva a la desobediencia.

Sin Fe es imposible agradar a Dios, queda registrado en el libro de los *Hebreos capitulo 11*, altamente recomendado leer, releer y meditar este capítulo que dice que por la Fe aquel hizo esto, por la Fe fulano hizo lo otro, ¿saben qué? Por la Fe, yo quiero también estar en esta lista a los que llamaron los héroes de la Fe.

Todo está atado (obediencia, honra, Fe) cada una son como un eslabón que la da altura a la ofrenda de olor grato que se le da al Rey, para que llegue al trono!!! Y es entonces cuando El *derrama sobre nosotros bendición hasta que sobreabunde* **Malaquías 3:10.**

Pero también hay otro extremo y aquí la mayoría es, gente que no obedecen las Escrituras pero tienen Fe. La fe no funcionara sino honras a Dios (sino cumples, sino obedeces las Escrituras), cuando violamos el contrato de honrar vamos de la gracia (gracia significa - favor inmerecido, protección divina, derecho legal a la herencia solo y únicamente por la sangre del cordero, por su sacrificio, por su pacto, no nuestro, ni por que hagamos hecho algo, por eso es inmerecido) a la misericordia. Dios es la fuente de nuestra provisión, el honor nos lleva a conectarnos a toda nuestra provisión, tu puedes tener mucha fe pero la fe no sustituirá la honra, principio de siembra y cosechas.

Fuera de la gracia de Dios no tenemos la capacidad de obedecer a Dios, por eso a alguien fuera del pacto (sin recibir a Jesús y/o ni permitiéndole vivir a través de ti) le es imposible creer, aceptar los términos del contrato que Dios a establecido en su Palabra. Mientras no estés en Su Gracia todo lo que Dios te pida será difícil para ti, eso es estar desgraciado. Necesitamos recibir Su Gracia para hacer lo que en nuestras propias fuerzas no podemos hacer. Cuando haces un pacto con Dios Su Gracia sobrenatural viene sobre ti y te llena de su poder para que puedas cumplir el compromiso que hiciste. Su gracia permite que esa demanda que Dios pone sobre tu vida sea ligera y fácil. Si lo que Dios te pide te pesa, te cuesta o es una carga, no hay gracia y si no hay gracia no hubo pacto. Cuando no hay pacto es porque hubo reservas y/o no hubo nada que propusimos darle a Dios (pacto es un intercambio) y si no tienes algo para darle a Dios es porque no has entendido, no has caído en cuenta cuanto realmente Dios nos amó, nos perdonó y nos valorizó, realmente no has entendido la gran señal de Amor de Dios para nosotros cuando dio a su único hijo, a Jesús, acto por el cual debemos de estar eternamente agradecidos sin poder negarle algo a Dios.

Informe semanal del Hermano Mayor
al Pastor sobre el comportamiento y
progreso del nuevo creyente.

1. Que te preocupa de tu nuevo hermano menor

2. Que celebras de nuevo hermano menor

3. Alguna otra cosa que consideres mencionar sobre la dinámica que se está dando de hermano mayor a nacido de nuevo.

Hermano Mayor: _____.

Nacido de Nuevo: _____.

Fecha: _____.

Informe semanal del Nacido de Nuevo
a su Hermano Mayor sobre cómo puso
en práctica el tema discutido.

Tema: _____.

Preguntas guías: ¿Qué paso? ¿Qué hiciste? ¿Qué pensaste? ¿Cómo te sentiste? ¿A qué renunciaste? ¿Qué elegiste? ¿Qué celebraste?

1. Lunes

2. Martes

3. Miércoles

4. Jueves

5. Viernes

6. Sábado

7. Domingo

Hermano Mayor: _____.

Nacido de Nuevo: _____.

Fecha: _____.

Wow que manera de finalizar y no lo planifique… es que es DIOS haciendo este manual…

Luego de esa explicación en este último tema, hacerte un llamado de parte del REY de reyes es inevitable…

Si es que no lo decidiste al principio de las lecturas o antes de tomar este libro. Para ti que aun no te haz decidido rendir ante la Presencia del Rey. Ya basta, reconoce que lo necesitas, que sin EL nada puedes hacer y decláraselo…

Padre Dios, reconoce que te necesito, que ando en este mundo sin rumbo y sin dirección, tratando de hacer las cosas a mi manera y no encuentro sentido, ni propósito, ni valor, Necesito de Tiii!!!…

Reconozco que enviaste a tu Hijo para salvarme, que su muerte en la cruz me salva porque anula el decreto de muerte que había para mi vida, me arrepiento de mi autosuficiencia y me declaro dependiente del Padre, del Hijo y del Espíritu Santo, ahora mismo rechazo y abandono mi vana manera de pensar y recibo la mente de Cristo y declaro que mis pasos serán enderezados por Tu Palabra, creo que todo esto hecho esta, en el nombre que es sobre todo nombre, Jesús, amen.

Escríbame, déjame saber en que manera Dios te ha Bendecido a través de este libro, mtl.milagros@ yahoo.com, gracias y que El Rey TODOPODEROSO, nuestro trino Dios, Padre, Hijo y Espíritu Santo lo lleve de fe en FE y de gloria en GLORIA.

Créditos:

Bueno, primeramente sino hubiera sido por la Gracia de mi amado trino Dios, Padre, Hijo y Espíritu Santo y por su Santa Palabra este manual no fuera una realidad, a ti mi REY sea Toda la Gloria, Gracias por que tus planes son mejores que los míos.

Pero es menester hacer mención de cada instrumento que el Señor uso para darme forma, en primer lugar tengo que agradecer al Apóstol Guillermo Maldonado, gracias, en estos 5 años, me he echau al cuerpo, como dice mi profesora, yo digo me echau al espíritu, casi todos sus libros y las experiencias de trasformación en mi vida han sido muchas, recomiendo todos sus libros.

El Dr. Myles Muroe y su libro "El Reino de Dios", me llevó a otro nivel, así como "Los cielos serán conmovidos" de Ana Méndez Ferrell y el de su esposo "El Ayuno Cuántico", "Cortando los Ciclos de Iniquidad" de los pastores Edwin y Ana Lucia Orozco, "Liberación en el Atrio" de Daisy Vega, "Controla tu Lengua en 30 días" de Deborah Smith Pegues, "El Campo de Batalla la mente" de Joyce Meyers, "El fuego de su santidad" de Sergio Scataglini, "Rompiendo las Cadenas" de Neil T. Andrson, "Devuelvemelo" de Kimberly Daniels, "El vino a dar libertad a los cautivos" de Rebecca Brown, "Buenos Días Espíritu Santo" de Benny Him, "Creciendo en el espíritu" del Dr. Héctor Colon, etc, etc, son muchos los libros que he leído y todos en una medida u otra me han nutrido para poder haber dado a luz este mandato, gracias.

Mi primera intención no fue publicar las síntesis ni los parafraseos de los escritos de mis lecturas, es que si Dios me lo hubiese dicho desde el principio me hubiera paralizado, me

165

hubiera quedado frizada y nada hubiera hecho. Mi primera intención fue grabar en mi mente esas poderosas enseñanzas y estructurar las transformaciones, las renovaciones de mentalidad que yo recibía a través de las lecturas para darle a la congregacion donde era lider. Pero, poco a poco mis escritos pasaban por procesos, la visión, los sueños, las instrucciones que Dios me daba cada eran más claras y una cosa presionaba la otra. Cuando de repente ya había entrada en el proceso de publicación me dió el susto pero sólo pensar un segundo en retroceder era suficiente para que mi espíritu como que comenzara a sentir ese tan desagradable dolor tristeza que siento cuando me quiero aguantar y no dejarme fluir en la voluntad del Padre, así que nah, nah, no hay vuelta a tras, la Palabra me dice que nosotros no somos de los que retrocedemos y yo estoy hecha y formada de esa Palabra así que sigo pa lante con to y susto como aprendí de la Profeta Ana Maldonado.

Mis pastores Benjamín Padilla y Roberto Cotto, sus enseñanzas también me han formado, gracias. A la cadena Enlace, mi canal de tv todo el tiempo y mi emisora de radio Nueva Vida 97.7fm, gracias. Al taller Collosal y al taller de Neuro Teología, gracias. Y a esa oración de compromiso que hizo la Apostol Marlyn Arroyo hace 5 años a la cual no pude negar, gracias.

A mis bellas amigas por ese apoyo incondicional, gracias. A mis hijos, cuanto me han enseñado y retado, gracias.

Y a mi bello esposito porque cree en mi más que yo misma y por su apoyo incondicional, gracias, Carlos Matías, lo amo.